高等职业教育汽车整形技术专业规划教材

Qiche Cheshen Xiufu Jishu

汽车车身修复技术

（第二版）

交通职业教育教学指导委员会　组织编写

韩　星　陈　勇　主　编

人民交通出版社股份有限公司
China Communications Press Co.,Ltd.

内 容 提 要

本书是高等职业教育规划教材,是在各高等职业院校积极践行和创新先进职业教育思想和理念,深入推进"校企合作、工学结合"模式的大背景下,由交通职业教育教学指导委员会汽车运用与维修专业指导委员会组织编写而成。

本教材以汽车车身碰撞维修的工作过程为主线,内容主要包括车身钣金构件的展开与放样、钣金构件的手工成型、车身钢板的锤击法修复、车身钢板的拉拔法修复、车门面板的更换、车身钢板的切割与更换、车身铝板的修复与更换、车身塑料件的黏结修理、车身塑料件的焊接修理、车身增强塑料件的修理,共10个学习任务。

本书主要供高等职业院校汽车整形技术专业教学使用,也可作为车身修复人员的岗位培训教材或自学用书。

图书在版编目(CIP)数据

汽车车身修复技术 / 韩星,陈勇主编. —2版. —北京:人民交通出版社股份有限公司,2017.7
ISBN 978-7-114-13885-0

Ⅰ.①汽… Ⅱ.①韩… ②陈… Ⅲ.①汽车—车体—车辆修理—高等职业教育—教材 Ⅳ.①U472.4

中国版本图书馆 CIP 数据核字(2017)第 126599 号

高等职业教育汽车整形技术专业规划教材

书　　名:	汽车车身修复技术(第二版)
著 作 者:	韩　星　陈　勇
责任编辑:	时　旭
出版发行:	人民交通出版社股份有限公司
地　　址:	(100011)北京市朝阳区安定门外外馆斜街 3 号
网　　址:	http://www.ccpress.com.cn
销售电话:	(010)59757973
总 经 销:	人民交通出版社股份有限公司发行部
经　　销:	各地新华书店
印　　刷:	北京市密东印刷有限公司
开　　本:	787×1092　1/16
印　　张:	12.5
字　　数:	282 千
版　　次:	2009 年 9 月　第 1 版 2017 年 7 月　第 2 版
印　　次:	2017 年 7 月　第 2 版　第 1 次印刷　总第 5 次印刷
书　　号:	ISBN 978-7-114-13885-0
定　　价:	29.00 元

(有印刷、装订质量问题的图书由本公司负责调换)

交通职业教育教学指导委员会
汽车运用与维修专业指导委员会

主 任 委 员：魏庆曜

副主任委员：张尔利　汤定国　马伯夷

委　　　员：王凯明　王晋文　刘　锐　刘振楼

　　　　　　　刘越琪　许立新　吴宗保　张京伟

　　　　　　　李富仓　杨维和　陈文华　陈贞健

　　　　　　　周建平　周柄权　金朝勇　唐　好

　　　　　　　屠卫星　崔选盟　黄晓敏　彭运均

　　　　　　　舒　展　韩　梅　解福泉　詹红红

　　　　　　　裴志浩　魏俊强　魏荣庆

秘　　　书：秦兴顺

第二版前言

车身维修也叫事故车维修,是汽车维修行业的一个热门专业。在欧美等发达国家,车身维修技师的收入水平不亚于一般的白领阶层,而且越来越受到社会的认可和尊重。随着汽车工业的迅猛发展,我国的汽车保有量不断增长,车身维修工作已经逐渐成为汽车维修的重点业务,对相关技术人员的需求非常旺盛,车身维修专门人才在今后的工作中有着光明的前景。

本教材继承了第一版以车身维修作业的典型工作任务聚集知识点、技能点,编写适合进行实施项目化教学和教学做一体化教学的教材特点,主要做了如下修订,将第一版的"学习任务3 车身钢板的手工整形""学习任务4 车身钢板的机械整形""学习任务7 车身铝板的整形与更换",分别更名为"学习任务3 车身钢板的锤击法修复""学习任务4 车身钢板的拉拔法修复""学习任务7 车身铝板的修复与更换",另外对这三个学习任务的内容进行了重新编排和更新,及时反映新技术和新工艺的应用。

本教材的修订工作,具体分工如下:南京交通职业技术学院陈勇修订学习任务3、学习任务4、学习任务6、学习任务7;韩星、朱帅修订学习任务8、学习任务9、学习任务10;汤其国、朱帅修订学习任务1、学习任务2、学习任务5。全书由韩星、陈勇担任主编。

在本教材的编写修订过程中,笔者参考了国内外有关论著和资料,在此向这些论著和资料的作者表示最诚挚的谢意!

由于编者水平有限,加之经验不足,书中难免有谬误和疏漏之处,敬请广大读者批评指正。

编者

2017年2月

目 录

学习任务 1　钣金构件的展开与放样 ………………………………………… 1
　　一、相关知识 …………………………………………………………… 2
　　二、任务实施 …………………………………………………………… 48
　　三、评价反馈 …………………………………………………………… 50
学习任务 2　钣金构件的手工成型 …………………………………………… 52
　　一、相关知识 …………………………………………………………… 54
　　二、任务实施 …………………………………………………………… 65
　　三、评价反馈 …………………………………………………………… 67
学习任务 3　车身钢板的锤击法修复 ………………………………………… 69
　　一、相关知识 …………………………………………………………… 70
　　二、任务实施 …………………………………………………………… 87
　　三、评价反馈 …………………………………………………………… 90
学习任务 4　车身钢板的拉拔法修复 ………………………………………… 92
　　一、相关知识 …………………………………………………………… 93
　　二、任务实施 …………………………………………………………… 98
　　三、评价反馈 …………………………………………………………… 104
学习任务 5　车门面板的更换 ………………………………………………… 106
　　一、相关知识 …………………………………………………………… 107
　　二、任务实施 …………………………………………………………… 109
　　三、评价反馈 …………………………………………………………… 113
学习任务 6　车身钢板的切割与更换 ………………………………………… 115
　　一、相关知识 …………………………………………………………… 116
　　二、任务实施 …………………………………………………………… 128
　　三、评价反馈 …………………………………………………………… 136
学习任务 7　车身铝板的修复与更换 ………………………………………… 138
　　一、相关知识 …………………………………………………………… 139
　　二、任务实施 …………………………………………………………… 146
　　三、评价反馈 …………………………………………………………… 152
学习任务 8　车身塑料件的黏结修理 ………………………………………… 154
　　一、相关知识 …………………………………………………………… 155
　　二、任务实施 …………………………………………………………… 160
　　三、评价反馈 …………………………………………………………… 164

目 录

学习任务 9　车身塑料件的焊接修理 ………………………………… 166
　　一、相关知识 ……………………………………………………… 167
　　二、任务实施 ……………………………………………………… 170
　　三、评价反馈 ……………………………………………………… 173
学习任务 10　车身增强塑料件的修理 ………………………………… 175
　　一、相关知识 ……………………………………………………… 176
　　二、任务实施 ……………………………………………………… 180
　　三、评价反馈 ……………………………………………………… 187
参考文献 ……………………………………………………………… 189

学习任务 1　钣金构件的展开与放样

1. 熟悉钣金构件展开与放样的目的；
2. 熟悉钣金构件展开与放样的常用工具；
3. 知道钣金构件展开与放样软件的基本操作；
4. 重点掌握钣金构件展开与放样的基本方法；
5. 根据给定的钣金构件施工图，求作展开与放样图；
6. 根据给定的钣金构件的展开与放样图制作样板。

根据图 1-60 给定的主、俯视图，作出天圆地方钣金件的展开与放样图，并根据作出的展开与放样图制作样板。

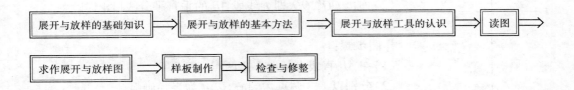

钣金构件展开与放样的学习路径：

展开与放样的基础知识 → 展开与放样的基本方法 → 展开与放样工具的认识 → 读图 →

求作展开与放样图 → 样板制作 → 检查与修整

一、相 关 知 识

钣金展开放样在机械制造部门有着广泛的应用,在汽车钣金制造维修中也占有极其重要的地位,如汽车轿车覆盖件、车身大梁、弹簧钢板、消声器等,都由钣金材料制成。依靠施工图,把工件的实际大小和形状画到施工板料或纸板上的过程,叫放样。放样是施工下料的第一道工序,与钣金展开、下料有着极其密切的关系,所以,学好钣金的放样与展开是学好汽车钣金修理的第一步,必须本着认真钻研、循序渐进的态度学好它。

放样(又叫放大样)就是依照施工图把工件的实际大小和形状画到施工板料或样板材料上的过程。学习放样与钣金构件展开,首先必须学好放样展开图的基础知识,这就需要了解常用几何作图方法、各种几何形体的分析、断面图在放样图中的应用、放样图与施工图的关系、放样在钣金展开中的作用等知识。只有熟练地掌握了放样的基本技能,才能为钣金展开的正确操作打好基础。在放样工作与钣金工作中,由于所作图形大都是在平面板料上作出,单纯依靠直尺量具是很难测量的,所以除必要的量具外,大都借助于画线工具来保证图形的准确度。

(一)基本几何图形画法

钣金作业的放样展开都由基本图形组成,这里介绍几个常用基本图形的画法。

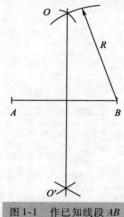

图 1-1　作已知线段 AB 的垂直平分线

1. 作已知线段 AB 的垂直平分线

作图步骤:

(1)分别以线段两端 A、B 为圆心,以大于 AB 的线段为半径画弧,交 AB 线上下于 O、O′两点。

(2)连接 OO′,OO′即为线段 AB 的垂直平分线(图 1-1)。

2. 作以 a 为距离的已知线段 AB 的平行线

作图步骤:

(1)在 AB 直线上任取 1、2 两点。

(2)分别以 1、2 两点为圆心,以 a 为半径画弧。

(3)作两弧的外切线 CD,则线段 CD 为线段 AB 距离为 a 的平行线(图 1-2)。

3. 作过三点 A、B、C 的圆

作图步骤:

(1)作任意两点连线的垂直平分线交于 O 点。

(2)以 O 点为圆心,以 O 点到任一已知点的距离为半径作过三点的圆(图 1-3)。

4. 作任意正多边形的内切圆和外接圆

作图步骤:

(1)作正多边形任意两角的角平分线或作任意两边的中垂线交于 O 点。

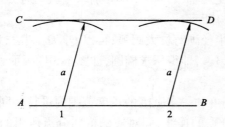

图1-2 作以 a 为距离的已知线段 AB 的平行线 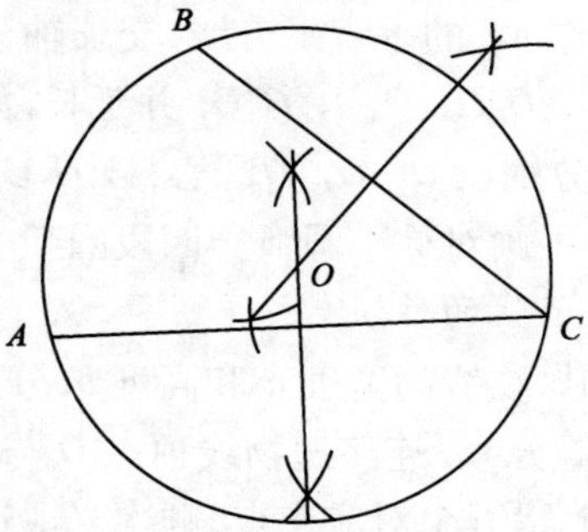　　图1-3 作过三点的圆

(2) 以 O 点为圆心, 以 O 点到正多边形任一边的距离为半径作内切圆。

(3) 以 O 点为圆心, 以 O 点到正多边形任一顶点为半径作外接圆 (图1-4)。

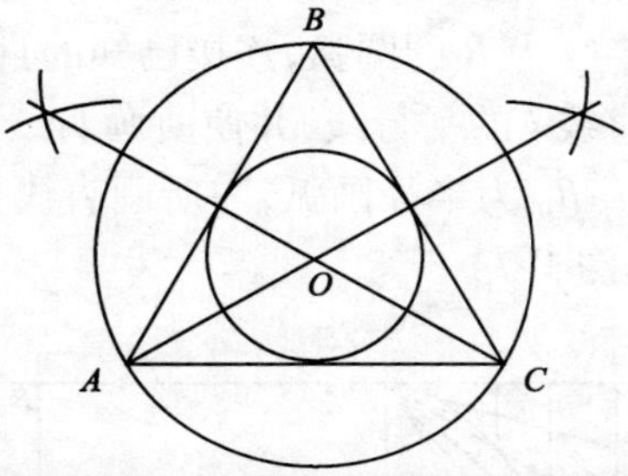

5. 椭圆的作法

作图步骤:

(1) 画椭圆长轴 AB、短轴 CD, 连接 CA, 如图1-5a) 所示。

图1-4 作任意正多边形的内切圆和外接圆

(2) 以 O 点为圆心, OA 为半径画弧交 CD 延长于 E 点, 再以 C 点为圆心, CE 为半径画弧交 CA 于 F 点, 如图1-5b) 所示。

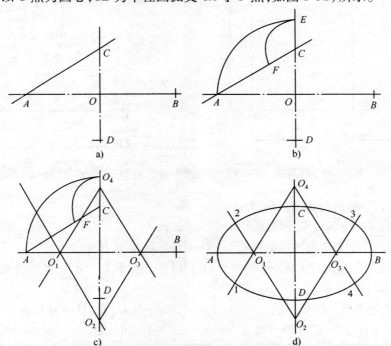

图1-5 椭圆的作法

(3) 作 AF 的垂直平分线,交长轴于点 O_1,交短轴于点 O_2,并分别求出其对称点 O_3、O_4,连接 O_1O_2、O_2O_3、O_4O_3、O_4O_1 并延长,如图 1-5c)所示。

(4) 分别以 O_2、O_4 为圆心,以 O_2C、O_4D 为半径画对称大圆弧;再以 O_1、O_3 圆心,以 O_1A、O_3B 为半径画对称小圆弧。四段圆弧交于 1、2、3、4,即得所求椭圆,如图 1-5d)所示。

6. 抛物线的作法

已知抛物线的宽度 a 和高度 b,分别在全高度和一半宽度的长度范围内进行相同若干等分(如 6 等分)。连接抛物线顶点 O 与各纵向分点的连线,同对应的横向分点所引的纵向平行线相交,得五个对应交点,顺次光滑连接,即得抛物线的单侧部分。根据对称原理,可得抛物线另外部分(图 1-6)。

7. 连接圆弧的作法

以半径为 R 的圆弧,连接已知的直线 l 和圆弧,作法如下:

画直线 l 的平行线,并使所画直线到已知直线 l 的距离为 R。以已知圆弧圆心 O 为圆心,以 $R+R_0$ 为半径画弧,与所画直线交于一点 O_1。以 O_1 为圆心,R 为半径画弧,即得要求的图形(图 1-7)。

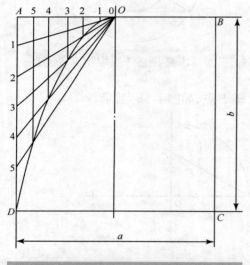

图 1-6 抛物线的近似作法

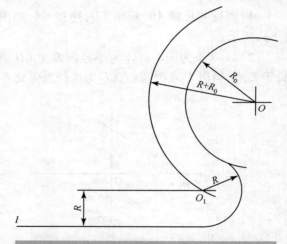

图 1-7 连接圆弧的作法

8. 已知弦长和弦高特大圆弧的作法

(1) 作弦长 AB 的垂直平分线,截取 OC 等于弦高 h。

(2) 以 O 为圆心,OC 为半径画半圆与 CO 的延长线交于 D 点。

(3) 将半圆上半部进行 n 等分(图中 $n=6$),得等分点 1、2、…、n,将各等分点与 D 点相连交 OA 于点 $1'$、$2'$、$3'$、…n'。

(4) 将 OB 分为与圆弧相等的 n 等份($n=6$),得分点 Ⅰ、Ⅱ、Ⅲ…并过各等分点引垂线,分别截取 ⅠⅠ′=11′、ⅡⅡ′=22′、ⅢⅢ′=33′…得点 Ⅰ′、Ⅱ′、Ⅲ′…

(5) 把 Ⅰ′、Ⅱ′、Ⅲ′…各点光滑连接成曲线,该曲线为一半的大圆弧。用对称法作另一半大圆弧(图 1-8)。

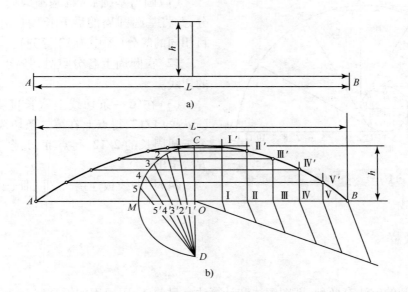

图 1-8 已知弦长及弦高特大圆弧的作法

9. 已知边长作任意多边形

如图 1-9 所示,已知正多边形的边长 a 作任意多边形。

(1)以边长 a 的两端点 A、B 为圆心,以 a 长为半径画弧相交于 O、O_6 两点。

(2)以 AB 长为边作正方形 $ABCD$。

(3)连接正方形的对角线 AC 交 OO_6 于 O_4 点。

(4)取 O_4O_6 的中点得 O_5,则 O_4、O_5、O_6 分别是边长 AB 所作正四边形、正五边形、正六边形的外接圆的圆心,各圆心到 A、B 点的距离就是外接圆的半径。

(5)以 AB 长在各圆周截取等分点,并连线即得相应正多边形。如需作更多正多边形(如七、八正多边形),则继续在 AB 的垂直平分线上作 $O_6O_7 = O_7O_8 = \cdots = O_4O_5$,得到 O_7、$O_8\cdots$用相同方法作外接圆,并在圆周上求得等分点,即可作正七边形,正八边形等。

10. 圆的渐开线作法

一直线沿圆周连续无滑动地滚动,则线上任一点的运动轨迹称为圆的渐开线,该圆称为基圆,如图 1-10 所示。

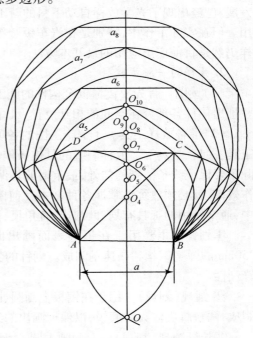

图 1-9 已知边长作任意多边形

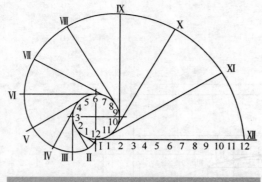

(1)画出基圆后,将基圆圆周分成任意等分,并将基圆圆周的展开长度(πd)也分成数目相同的等分(图中为12等分)。

(2)在圆周上各分点处,按同一方向作圆的切线。

(3)在第一条切线上取长度等于圆周长(πd)的1/12,得点Ⅰ,在第二条切线上,取长度等于圆周长的2/12,得点Ⅱ,其余各点用同样方法定出。

(4)用曲线板连接Ⅰ、Ⅱ、Ⅲ、…Ⅻ各点,即得圆的渐开线。

图1-10 圆的渐开线作法

(二)放样

1.概述

钣金展开的方法有两种,即图解法和计算法。目前,我国通用的钣金展开法一般都采用图解法。所谓图解法,就是凭据施工图通过一系列画线作图,从而得到展开图的方法。

放样(又称放大样),就是根据施工图的要求,按投影原理,把构件的形状、尺寸按1:1的实际形态画到施工板料或样板材料上,这样画出来的图称为放样图。随着科学技术的不断发展,已经出现了光学放样自动下料的新工艺和电子扫描放样的新技术,并正在逐步推广应用。但在实际工作中,特别是在汽车钣金维修中,多为单件作业或小批量生产,所以实尺放样仍然是目前广泛应用的最基本方法。

2.放样的一般步骤

(1)读图。首先要读懂钣金构件的施工图和主要内容,并对构件的形状、尺寸进行分析,整理出构件各部分在空间的相互位置、尺寸大小和形状。

(2)准备放样工具。了解施工图的各项要求后,根据放样的具体情况,准备放样所需的工具、夹具、量具等。放样画线的具体操作包括:标志中心线、画轮廓线、定位线等。画线中,除了要保证线条清晰均匀外,最重要的是保证尺寸准确。为了保证生产尺寸的准确,提高工作效率,就必须熟练地掌握各种基本几何图形的画法和正确准备及使用工具。在钣金画线中,通常使用的工具有划针、圆规、直角尺、样冲和曲线尺等。常用画线工具如图1-11所示。

①划针。主要用于在钢板表面画出凹痕的线段。通常用直径为4~6mm,长150~250mm的弹簧钢丝和高速钢制成。划针的尖端淬火后磨锐,以保证有足够的强度、硬度以及锋利性。

②圆规(划规)。用于在钢板上画圆、画弧或分量线段的长度等。常用的圆规用工具钢制成,两轨脚尖淬火后磨锐,以保证画出的线条清晰。

③长杆圆规(划规)。专为画大圆、大圆弧或分量较长直线时使用。两杆脚可依照所需尺寸任意调整,画较大圆弧时,甚至需两人配合操作使用。

④钢直尺。即钢板尺,常用150mm、300mm、500mm、1 000mm等规格和钢卷尺。

⑤直角尺。有扁平和宽座的两类。扁平的角尺主要用于画直线以及检验工件装配角度

的正确性;使用宽座角尺时,可以将宽座内边靠在钢板的直边上,画出与直边垂直的线。这种角尺灵活方便,适用于各种型钢的画线。

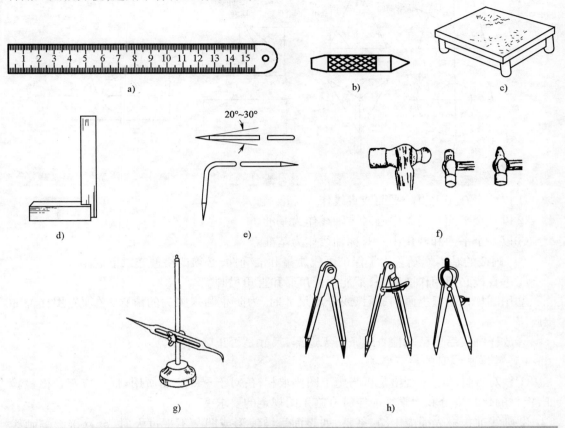

图1-11 常用画线工具
a)钢直尺;b)中心冲;c)画线平板;d)直角尺;e)划针;f)锤子;g)划针盘;h)圆规

⑥样冲。为使钢板上所画线段能保存下来,作为施工过程中的依据或检查标准,就得在画线后用样冲沿线冲出小眼作为标志。使用圆规画圆或在钻孔前,也要用样冲在圆心上冲一小孔作为圆轨定心脚尖或钻头定心定位之用。

⑦画线规。用来画与型钢边沿平行的直线。

⑧曲线尺。画线工作中,经常遇到需光滑地连接各曲线已知定点的工序,用曲线尺连接这些点可以提高工作效率和画线的精确度。

⑨小手锤。打样冲用,常用工具钢制成,头部经淬火处理。

除此以外,经常用到的还有量角仪、粉线、划针盘、万能角度尺和各种不同长度的直尺等,均需根据施工图放样时的需要采用。

(3)选择放样基准。所谓放样基准,实际上是画线基准,即是放样画线时起点的基准线、基准面、基准点。基准的确定,通常情况下应选构件的对称面、底面、重要的端面以及回转体的轴线等。在板料放样画线中,基准一般只选择两个,具体可根据以下3种情况来选择。图1-12所示为放样基准的选择。

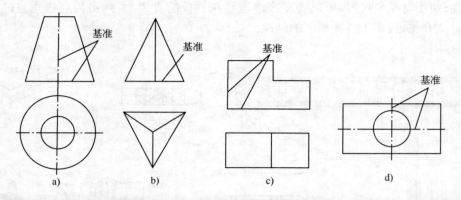

图1-12 放样基准的选择

①以两个互相垂直的平面或直线作为基准。
②以一个平面和一条中心对称轴线作为基准。
③以一个平面和两条中心对称轴线作为基准。
（4）画线的基本规则。为了保证画线质量和准确性，必须严格遵守以下规则：
①垂直线必须用作图法画，不能用量角器和直角尺画。
②用圆规在钢板上画圆、画弧或分度尺寸时，为防止圆规脚尖的滑移，必须先用样冲冲出脚眼。
③放样画线后要认真检查线条有无遗漏，尺寸是否正确。
（5）放样画线时的注意事项：
①核对板材的型号规格是否与施工图要求相符；对于重要产品所用材料，应有合格检验证，板材的化学成分和力学性能应符合施工图规定的要求。
②画线前板材表面应干净、平整，如表面呈波浪形或凹凸不平过大时，会直接影响画线的准确性，应事先加以校正。
③注意检查材料表面有无夹渣、麻点、裂纹等缺陷。如有时，应错开排料，以避免出现废品浪费材料。
④画线工具（如钢直尺、角度尺等计量工具）应定期检查校正，尽可能采取高效率的工卡量具。
⑤画线前，应在画线部位刷涂料，以便辨认线痕。
（6）放样操作。
①首先画出所选择的基准线。对于图形对称的零件、构件，一般先画中心线和垂直线，作为画其他线的基准；对于非对称零件，对板料加工来说，至少要画出两个方向的基准线。
②根据施工图上的要求，对应基准线画其他线。
a. 按照基本几何作图法画出各部位的圆弧线。
b. 对应基准线，由近到远，画出各段直线。在截取线段时，必须从画出的基准线有关部位开始截取，不能脱离基准线另画线段。
c. 按施工图的要求和钣金放样要求，完成所有线条的画线。
③在放样图的重要部位打样冲眼。注意，打样冲眼时：

a. 直线少打,但两端部位必须打上。
b. 曲线多打,要反映出曲线特征。
c. 重要线间的交点必须打上。
d. 圆心部位必须打上。
至此,放样图全部工作完成。
（7）举例。作如图 1-13 所示的正圆锥台的施工图、放样图（不考虑板厚）。其作图步骤如下：

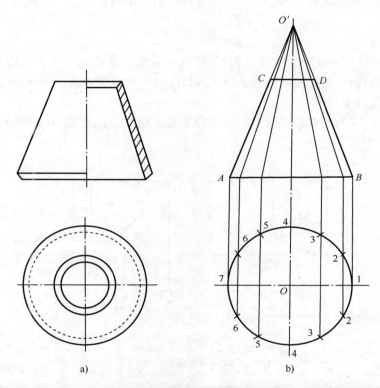

图 1-13　正圆锥台的施工图、放样图
a）施工图；b）放样图

①根据设计尺寸（施工图）外形,画出中心轴线,再画出与中心轴线垂直的底边线。
②在中心轴线上取圆心 O,以锥台底边为半径,画出平面图（即俯视图）。
③在锥台底边上,以中心轴线交点为对称点,画出底边 AB 等于施工图底边。
④画出与底面平行且距离等于施工图立面高度的线。
⑤在平行线上截取与中心轴对称的线段 CD,其等于施工图上口宽度。
⑥连接 AC、BD,即为圆锥台立面图。
⑦把平面图的圆周 12 等分,交出等分点。
⑧延长 AC、BD 交于 O' 点。
⑨在立面图上画出与 12 等分点相对应的素线。
至此,依施工图画的正圆锥台放样图完成。

(三)线段实长的求法

在钣金作业放样与展开中,展开图就是钣金构件表面铺平后的实际形状尺寸图。为了求得各表面的实形,就必须求得构成表面各线段的实长。在各种形体中,有一部分处于特殊位置,即平行于投影面的线段可反映实长,但处于一般位置时,却不能反映实长。这就必须通过作图法或计算法求得线段实长。常用的线段实长求法——作图法有直角三角形法、直角梯形法、旋转法和更换投影面法等。这里重点介绍常用的直角三角形法、直角梯形法和旋转法。

1. 直角三角形法

直角三角形法就是作一个直角三角形,使这个直角三角形的一个直角边等于空间直线在某个视图中的边长,另一条直角边为该直线段在另一个视图中的空间距离(高度差),则斜边即为空间直线的实长。

如图 1-14 所示为用直角三角形法求线段实长。已知空间线段 BC 其两面投影为 bc 和 $b'c'$,求线段 BC 的实长。

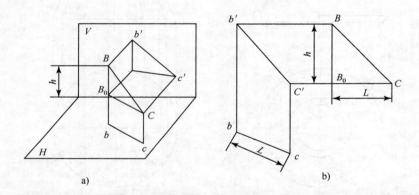

图 1-14 直角三角形法求线段实长

由于 BC 倾斜于两投影面,所以其投影 bc 和 $b'c'$ 均不反映实长。这时作一辅助线 B_0C // bc,得直角三角形 BB_0C,如图 1-14a) 所示。

在直角三角形 BB_0C 中,只要知道两个直角边 BB_0 和 B_0C,就可求出斜边 BC。因 B_0C 等于 bc,可以从水平投影中量得;又因 BB_0 等于 B 点和 B_0 点的高度差 h,可以从正投影中作图求得。因此,求 BC 实长的作图步骤如图 1-14b) 所示。

(1) 作一直角三角形,$L = bc$ 为一直角边。
(2) 使 bc 的竖向距离(高度差)h 为另一直角边。
(3) 斜边即为线段 BC 的实长。

2. 直角梯形法

直角梯形法就是以空间直线段在某个视图中的投影长为直角梯形的一个腰,以空间直线段在另一个视图中的投影两端点到水平轴的垂直距离分别为直角梯形的两个底,则另一个腰即为空间直线实长。

如图 1-15 所示,已知空间一般位置线段 AB 和两投影 ab、a'b',求空间线段 AB 实长。

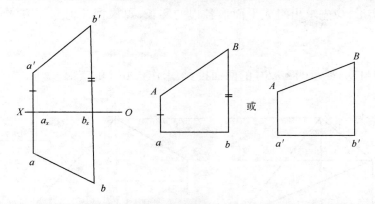

图 1-15　用直角梯形法求线段实长

作图步骤如下:
(1)作一直线段,使其长等于 ab。
(2)过 a、b 分别作 ab 的垂线,使其长度分别等于 $a'a_x$ 和 $b'b_x$。
(3)连接梯形两端点,即为 AB 实长。

3. 旋转法

旋转法就是保持投影面不变,使倾斜直线以垂直于某一投影面的直线为轴,旋转成与投影面相平行的直线,则直线在与其平行的投影面上的投影就反映它的实长。

如图 1-16 所示为用旋转法求线段实长。已知空间直线段 AB 的两投影 ab 和 a'b',求 AB 实长。

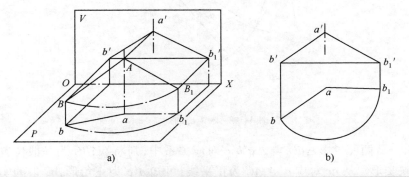

图 1-16　用旋转法求线实长

(1)以 a 为圆心,把 ab 旋转到与投影面平行的位置 ab_1。
(2)过 b' 作 X 轴的平行线,与过 b_1 所作的 OX 轴的垂直线交于 $b'b_1'$ 点。
(3)连接 $a'b_1'$,即为 AB 实长。

(四)平面实形的求法

1. 概述

作钣金制件的展开图,求作平面实形是关键。根据平面投影特性,只有平面平行于投影面时,其投影才能反映实形,平面倾斜投影面,其投影为类似形,不反映平面的实形。若根据投影图作平面实形,应先求出组成平面形各边的实长,再根据几何作图方法作出平面形的实形。

2. 举例

已知如图1-17a)所示的 △ABC 的两面投影,求作△ABC 的实形。

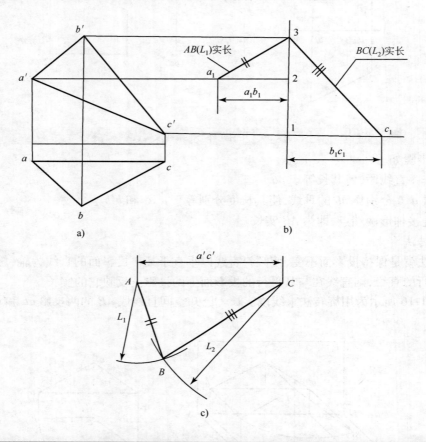

图1-17 求作三角形实形

(1)分析。从两面投影△abc 与△a'b'c'对应关系中,判断△ABC 为一般位置平面,两个投影都不反映实形。从 ac 对应 a'c',AC 为正平线,可知 a'c' 为三角形 AC 边的实长,其他两边为斜线对应斜线(ab 对应 a'b'、bc 对应 b'c'),判断 AB 和 BC 两边为一般位置直线,两面投影都不反映实长,要求得其实长,应用直角三角形法求作。有了三个边的实长,便能作出三角形的实形。

(2)作图,如图1-17b)、c)所示。

①作一垂直线,再从正面投影 a'、b'、c',引水平直线相交于点 1、2、3。

②分别在两条水平直线截取 $a_1b_1 = ab$、$b_1c_1 = bc$,得点 a_1、c_1。

③连接 $3a_1$、$3c_1$,得 $3a_1 = AB$、$3c_1 = BC$。

④根据已知三角形三个边长,作△ABC 的实形。

(五)可展表面与不可展表面

一个钣金构件的制作,必须在放样图的基础上,将其表面展开,才能依据展开图下料制作。所谓展开,就是将组成该零件的表面不遗漏、不重叠、不折皱地平铺在同一个平面内的工艺过程。掌握展开图的共同规律及其基本方法就成为钣金工作的特有技能。展开图就是在展开过程中所画出来的构件表面实形图,它是钣金下料工艺的依据。

钣金零件的表面形状是相当复杂的,根据形体的表面特征有平面、曲面以及曲面平面相结合的形体。那么在钣金展开放样中,究竟哪些形体是可以展开的表面,哪些形体是不可展开的表面呢?通过对几何形状分析,即可有一个明确的答案。

1. 几何形状分析

在日常生活里,经常会遇到各种各样的钣金构件,这些构件的形态虽然各不相同,但却可以说都是各种各样的简单几何体的组合。要掌握放样、展开及下料的技能,首先要掌握各种几何体的特性及其投影规律。

基本几何体分平面立体(图1-18)和曲面立体(图1-20)两种。钣金制品中,几乎所有构件都是这两种几何体的组合。

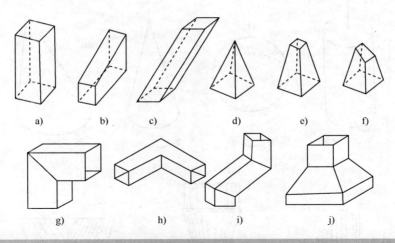

图1-18 平面立体
a)四棱柱;b)截头棱柱;c)斜平行面体;d)四棱锥;e)棱锥台;f)截头棱锥;g)-j)组合图

(1)平面立体。平面立体分为棱柱体、棱锥体和多面体。

①棱柱体。棱柱体的棱柱线彼此平行,有三棱柱、四棱柱及不同的多棱柱体。

②棱锥体(图1-19)。棱锥体的棱面交于一点,它们分为三棱锥、四棱锥以及不同的多棱锥。

③多面体。有些多面体也由4个梯形平面所组成,从表面上看为四棱锥,但若把它的4根棱柱延伸,并不能交于一点,得不到一个共同的锥顶。这种形体不属于棱锥体范畴,只能称为多面体。

综上所述,棱柱体、棱锥体及多面体虽形体各异,但有一个共同点,即它们的表面全部由两条直线所包容,即都是直线的轨迹。

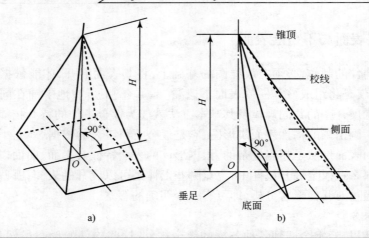

图 1-19 棱锥体

（2）曲面立体。在曲面体中，有一部分是旋转体。由一条母线（素线——直线或曲线）绕一固定轴线旋转，形成旋转体。旋转体外侧的表面，称旋转面。圆柱、正圆柱、球等都是旋转体，其表面都是旋转面，如图 1-20 所示。

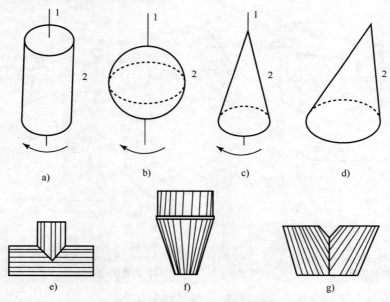

图 1-20 曲面立体
a）圆柱；b）球；c）正圆锥；d）斜圆锥；e)-g) 组合图
1-轴线；2-素线

从图中可看出，圆柱体是一条直线（母线）围绕着一条直线始终保持平行和等距离旋转而成；正圆锥体是一条直线（母线）与轴线相交，始终保持一定的夹角旋转而成。球体则是一条半圆弧的母线，以直径为轴线旋转而成。

2. 可展表面与不可展表面

从钣金构件的几何形体分析可以得出如下结论：

（1）钣金构件中所有形体，包括复杂形体都是由一个或几个基本几何形体构成的。

（2）所有钣金构件的形体都是由直线或曲线线条的运动轨迹形成的。

（3）凡直线的旋转或直线运动的轨迹形成的几何体及其组合，均是可展表面。这些形体包括：棱柱体及其组合、棱锥体及其组合、多面体及其组合、圆锥体（包括斜圆锥体）及其组合以及这些形体中的相互组合，均为可展开表面。

（4）凡是曲线旋转或曲线扭转运动轨迹形成的几何形体均是不可展表面。这些不可展形体包括：球面、卵形面、椭圆球面、螺旋抛物面等各种异形曲面体。尽管这些形体不能展开，但在钣金构件中又不时地遇到，所以对这些形体可以采用近似展开的方法。

（六）平行线展开法

如果形体的表面是由一组互相平行的直素线所构成的，如棱柱面、圆柱面等，其表面的展开可以用平行线法。

1. 平行线展开法原理

若形体表面是由无数条彼此平行的直素线所构成，那么其相邻的两条素线及其上下端曲线所围的微小面积，就可以近似地看成是梯形或长方形，当分成的面积较多时，各小平面面积的和就等于形体的表面面积。若把小平面面积按照原来的分割顺序和上下位置不遗漏、不重叠地铺开来时，则形体的表面就被展开了。由于素线在摊平前是互相平行的，所以铺平后仍互相平行。作图时充分利用这一特性，只要找出这些素线之间的距离，以及它们各自的长短，即可得到展开图。按这一原理和方法绘制展开图的方法称为平行线法。

2. 平行线展开法的应用

（1）用平行线法作直立四棱柱的展开图（图1-21）。从放样图可以看出，直立四棱柱四条棱边均是垂线，长度相等，上下底面互相平行，仅四个立面的宽度不同而已。所以展开图上下边必定是一条直线，作图步骤如下：

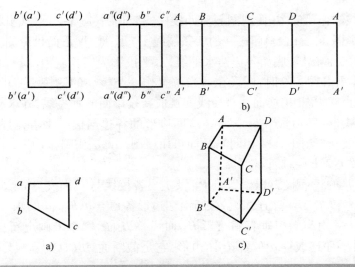

图1-21　用平行线法作直立四棱柱的展开图

①在上下底正面投影延长线上的适当位置依次截取长度 $AB=ab$、$BC=bc$、$CD=cd$、$DA=da$,得到线段 AB、BC、CD、DA 即为四棱面上下棱边实长。

②过 A、B、C、D 各点作延长线的垂线分别与另一底边相交,得 AA'、BB'、CC'、DD'、AA',即可得到直立四棱柱的展开图。

(2)用平行线法作斜口直立四棱柱的展开图(图1-22),其步骤如下:

①分析。斜口直立四棱柱的前、后侧面为梯形正平面,正面投影为实形;左、右侧面为矩形侧平面,侧面投影为实形(图中未作出)。画展开图时,即把这些实形依次画出。由于四条侧棱都是铅垂线,正面投影反映实长;底面四边形各边是水平线,水平投影为实长。因棱线和底面垂直,展开后各侧棱必垂直对应的底边。

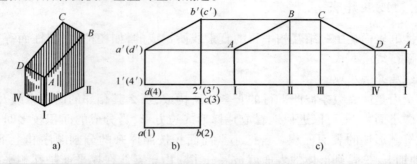

图1-22 用平行法作斜口直立四棱柱的展开图

②作图,如图1-22c)所示。

a. 过底面作一水平线(底边线),并依次截取 ⅠⅡ=(1)(2)、ⅡⅢ=(2)(3)、ⅢⅣ=(3)(4)、ⅣⅤ=(4)(1)。

b. 过点 Ⅰ、Ⅱ、Ⅲ、Ⅳ、Ⅰ 作垂线,截取各棱线实长(ⅠA=1'a'、ⅡB=2'b'……)或由主视图引底边线的平行线(水平线),得点 A、B、C、D、A。

c. 顺序把 A、B……各点连线,得斜口直立棱柱展开图。

(3)用平行线法作已知主、俯视图斜口四棱柱的展开图(图1-23),其步骤如下:

①分析。从图中可看出,斜四棱柱的四条棱线 Ⅰ、Ⅱ、Ⅲ、Ⅳ 正面投影为实长,上、下底面平行于 H 面(图中未画出),底面各边是水平线,水平投影为实长。但因棱线与底面不垂直,因此,不宜直接作展开图。这时,假设在适当位置作一与棱柱的侧棱垂直的正垂面 P,其正面投影积聚成一直线 P_V。用换面法将棱线变换成新投影面的垂直线,并求出正垂面 P 与斜四棱柱的截断面实形(四边形 $a_1b_1c_1d_1$)。这四边形的各边与棱线垂直,可把斜四棱柱视为两节斜口直立四棱柱(与图1-22相同),从而可用该图示方法作图。

②作图,如图1-23b)、c)所示。

a. 作正垂面 P 的正面投影积聚斜线 P_V 及定出各棱线与 P 面交点 a'、b'、c' 和 d'。再求得水平投影 a、b、c 和 d,若顺序连线,得截断面四边形各顶点 a、b、c、d 的水平投影。

b. 运用换面法(用与侧棱垂直新投影 H_1 面代替 H 面,图中未画出新投影轴),求得点 a_1、b_1 和 c_1、d_1,并顺序连线得 $a_1b_1c_1d_1$ 四边形,它是截断面 $ABCD$ 的新投影,各边反映相邻棱线的间距。

c. 用图1-23作图方法画出四个棱面的展开图。先把 P_V 斜线延长,并截取 $DC=d_1c_1$、

$CB = c_1b_1$……得点 D、C、B、A、D；分别过这些点作垂线，并在各垂线上截取相应棱线的实长，如 $DIV = d'4'$，$cIII = c'3'$……或过棱线的端点 $1'$、$2'$、$3'$、$4'$引 P_V 的平行线与相应棱线相交，得点 I、II……把各点顺序连接，得斜口四棱柱的展开图。

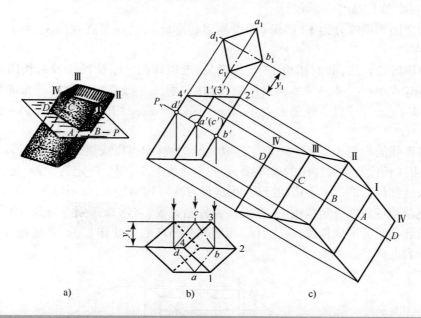

图 1-23　用平行线法作斜口四棱柱的展开图

（4）用平行线法作圆柱管展开图。圆柱面可看成内切正棱柱的底面边数无限增多而形成。圆柱面上各素线互相平行，因此，圆柱面展开也可用平行线法，并按直棱柱面展开方法作图。直圆柱的展开图为一矩形，底边的长度等于圆柱管的圆周长 πD，高为圆柱管的高度，如图 1-24 所示。

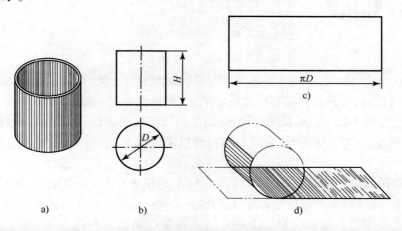

图 1-24　用平行线法作圆柱管展开图

（5）用平行线法作已知主、俯视图斜口直圆柱的展开图。

①分析。如图 1-25 所示，斜口直圆柱管是直圆柱管被正垂面斜截而形成的。截平面与

圆柱面的截交线为椭圆线,圆柱面上素线长短不一,由于圆柱轴线垂直于 H 面,各素线的正面投影为实长。画展开图时,底圆展成直线,过直线上各等分点作垂线(素线),并截取素线上相应长度得其端点,并连成光滑曲线。

②作图,如图 1-25b)、c)所示。

a. 把俯视图圆周等分为 12 等份(等份越多越准确),过各等点找出主视图上相应素线 $1'a'$、$2'b'$。

b. 将圆周展成直线,截取相应 12 等份弧长,近似作图。以弦长代替弧长 12 = 12、ⅡⅢ = 23……得等分点Ⅰ、Ⅱ、Ⅲ……过各点作垂线,并在垂线上截取相应素线等长的线段 Ⅰ A = $1'a'$、ⅡB = $2'b'$……(或过主视图上点 a'、b'……引水平线与相应素线相交),得各素线端点 A、B。

c. 过各素线的端点 A、B、C……顺序连成光滑曲线,即得所求展开图,如图 1-25c)所示。应当指出,用弦长代替弧长作出的展开图,其底边长度缩小,产生一定的误差,是一种近似作图。由于钣金制件有的要求不需很准确,用这种方法可达到要求,作图简便,所以较为常用。有时为了把误差控制在一定范围内,要提高制件精确度,可增加圆周等分数,缩小素线之间的误差。若还需更为准确作图,应先计算出圆周长 πD 的尺寸作直线,再进行等分,这样作出展开图较为准确。

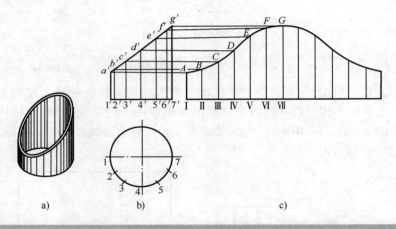

图 1-25　用平行线法作斜口直圆柱的展开图

(6)用平行线法作已知两端斜口直圆柱的主、俯视图的展开图。

①分析。如图 1-26 所示,从图中可知,两端斜口圆柱的轴线是正平线,圆柱面素线正面投影为实长,但它们均不与端面(底面)垂直,所以采用图 1-26 所示方法作图。

②作图。

a. 在主视图的对称位置作 $N—N$ 线(正垂面 N 的积聚投影)垂直轴线,并用换面法求得截面圆的实形,在该圆周上等分(12 等份)得点 1、2……

b. 过等分点作斜圆面素线 $11'$、$22'$……得素线端点 a'、b'……

c. 将正截面圆周展成直线(即 $N—N$ 延长线),用 12(代表 12 弧)在该直线截出点Ⅰ、Ⅱ……

d. 过各点Ⅰ、Ⅱ、Ⅲ……作 $N—N$ 线的垂线,由主视图的两端斜口素线端点 a'、a'_1、b'、b'_1

引 N—N 平行线,分别与相应垂线得交点 A、A_1、B、B_1……

e. 把点 A、B……及点 A_1、B_1……顺序连成曲线,即得所求展开图。

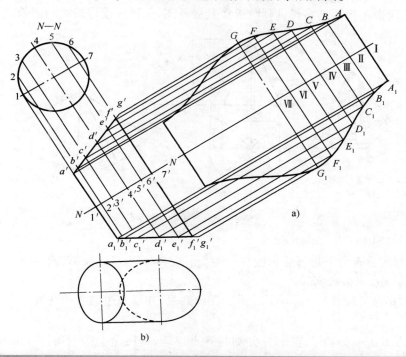

图 1-26　用平行线法作两端斜口圆柱的展开图

(七)放射线展开法

若钣金制件的侧面是由棱锥面或圆锥面所围成时,则这种结构的表面也属于可展表面。由于棱锥面和圆锥面上的棱线和素线相交于锥顶,若沿制件表面的棱线或素线剪开,然后把各棱线或各素线绕着锥顶摊平在一个平面上,则所得表面展开的各棱线或各素线依然汇交于一点,作出的展开图上各棱线或各素线也汇交于一点。这种利用棱线或素线汇交于一点的作图方法,称为放射线法。

1. 放射线展开法原理

放射线展开法的原理是:可以把锥体表面上任意相邻的两条素线(或棱线)及其所夹的底边线,看成是一个近似的平面三角形。当各小三角形的底边也足够短的时候,则小三角形面积的和就等于原来形体的表面积。若把所有的小三角形一次铺开呈一平面,原来的形体表面也就被展开了。作展开图的关键是确定这些素线(或棱线)的长度和相邻素线(或棱线)间的夹角,或者利用两条素线(或棱线)所夹的底边线实长来确定,通过三角形底边线两点间距离间接达到确定其夹角的目的。

2. 放射线展开法的应用

(1)用放射线展开法作已知主、俯视图棱锥的展开图,如图 1-27 所示。

①分析。从图中可知,正四棱锥的侧面是由四个全等的等腰三角形所围成,左右侧面是

正垂面,前、后侧面为侧垂面,在主、俯视图找不到实形。画展开图依次作出四个等腰三角形的实形。底面正四边形边是水平线,水平投影为实长;四个侧棱相等并汇交于一点S,是一般位置线。主、俯视图找不到实长,因此,求作其展开图,关键是求得棱线的实长。

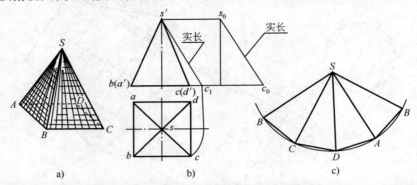

图1-27　用放射线展开法作正四棱锥的展开图

②作图,如图1-27b)、c)所示。

a. 用旋转法或直角三角形法求棱线的实长。旋转 sc 得 $s'c_1$ 投影,或以 sc 为底边作直角三角形得 s_0c_0,s_0c_0 = 棱线实长。

b. 以 S 为圆心,棱线长 $s'c_1 = s_0c_0$ 为半径画圆弧,并以底边的实长在圆弧上截取点 B、C、D、A、B。

c. 把各点 B、C……顺序连线,并分别与 S 点连线,得四个全等的等腰三角形,即为正四棱锥的展开图。

(2)用放射线展开法作已知主、俯视图斜口直四棱锥的展开图,如图1-28所示。

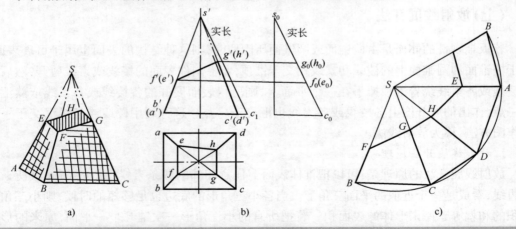

图1-28　用放射线展开法作斜口直四棱锥的展开图

①分析。斜口直四棱锥可看成直四棱锥被正垂面截切而成,其侧面是由两个等腰梯形和两个梯形所围成,画展开图即依次画出这四个梯形的实形。

②作图,如图1-28b)、c)所示。

a. 按图1-27的方法作完整四棱锥展开图(底面对应边相等)。

b. 在主视图上定出斜口面与棱线相交点 $f'(e')$、$g'(h')$,引水平线与斜线 $s'c_1$ 或 s_0c_0 相交,得四个梯形面上棱线的实长(c_0f_0、c_0g_0……)。

c. 在四棱锥展开图上的棱线上取 $BF = c_0f_0$、$CG = c_0g_0$……得斜口棱线端点 F、G……

d. 顺序连接这些点,即得所求展开图。

(3) 用放射线展开法作已知主、俯视图斜漏斗的展开图。

① 分析。如图 1-29a)、b)所示,斜漏斗是平口斜四棱锥。从图中看出,左右侧面是两个等腰梯形,前后侧面是两个前后对称的相等梯形。作展开图应依次作出这四个面的实形,即先作斜四棱锥展开图,然后,再截取各棱线的有效长度,即可作出其展开图。

② 作图,如图 1-29b)、c)所示。

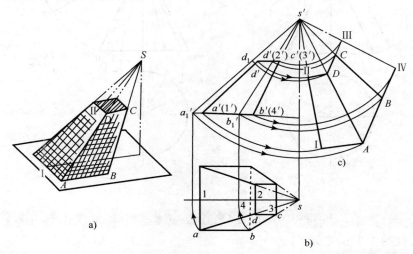

图 1-29 用放射线展开法作斜漏斗的展开图

a. 延长主、俯视图轮廓线,得斜四棱锥顶点 S 的投影 s'、s。

b. 底面四边的水平投影 ab 为实长。由于对称关系,只需用旋转法求作棱线 SA、SB 的实长 $s'a_1'$、$s'b_1'$ 即可;若取Ⅰ Ⅱ 为接缝线(剪开),$(1')(2')$ 为实长。

c. 以 S 为顶点,分别用已知长依次作出 $\triangle S\text{I}A$、$\triangle SAB$……

d. 求作棱线有效长度 $a_1'd_1$、$b_1'c'$……

e. 在 $S\text{I}$ 上截取接缝线 Ⅰ Ⅱ $=(1')(2')$;在棱线 SA 上截取 $AD = a_1'd_1$;在棱线 SB 上截取 $BC = b_1'c'$……

f. 将所得各点 Ⅱ、D、C、Ⅲ 顺序连线,即得漏斗前半部展开图。后半部展开图形状与其相同。

(4) 用放射线展开法作圆锥管的展开图。

① 分析。如图 1-30a)所示,圆锥素线汇交于锥顶,其锥面的展开图为扇形。扇形半径等于圆锥母线的长度 R,扇形的圆弧长等于圆锥底圆的周长 πd(d 为底圆直径),扇形的角度 $\alpha = 180°d/R$。

圆锥面也可看成是由正棱锥面底面的边数无限增多而形成的。圆锥面的展开变成棱锥面的展开,即可用放射法作图。用这种方法作图虽有一定误差,但钣金制件在误差允许范围内可通过增加圆周等分数来解决。

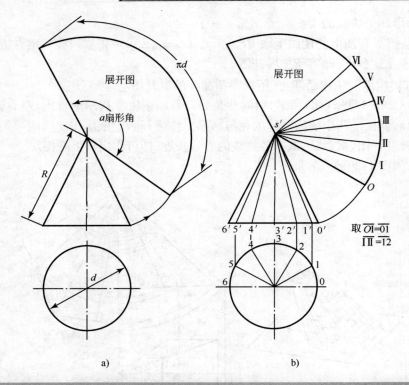

图 1-30 用放射线展开法作圆锥管的展开图

② 作图，如图 1-30b) 所示。

a. 把俯视图的圆周分为 12 等份，通过等分点在主视图上作出对应素线。

b. 以顶点 s' 为圆心，以圆锥（素线）为半径画圆弧，自点 O 开始用圆周弦长代替弧长，在圆弧上截取 $O\text{I}=01$，$\text{I}\text{II}=12$……得点 Ⅰ、Ⅱ……分别与 s' 相连，得到圆锥面近似展开图（图 1-30 中只标出一半）。

(5) 用放射线展开法作已知主、俯视图斜口圆锥管的展开图。

① 分析。从图 1-31a) 中已知斜口圆锥管是圆锥被正垂面斜截去顶部而形成的。斜口形状为椭圆，正面投影积聚为一斜线。它的展开按完整圆锥展开成扇形后，再用有效素线实长在对应素线上截取各点，并连成光滑曲线，即得所求展开图。

② 作图。

a. 按图 1-31b) 所示方法画出完整圆锥面的展开图。

b. 把俯视图的圆周分为 8 等份点，在主视图画出 8 条对应素线，得素线与斜口交点 a'、b'……用旋转法（过这些点引水平线与圆锥面最左素线 $s'1'$ 的交点）求出这些点在素线各自实际位置，即把同一条素线分为上、下两段实长。

c. 以 s 为圆心，sa'……为半径画弧，在展开图上与各自素线交于点 A、B……

d. 把点 A、B、C……各点连成光滑曲线，即得斜口圆锥管展开图。

(6) 用放射线展开法作上平口、下曲口圆锥管的展开图，如图 1-32 所示。

从主、俯视图已知，上平口与圆锥轴线垂直，在上平口以上部分为正圆锥面，平口的水平投影为实形（圆）；下曲口为曲面，水平投影为曲线。作其展开图可分两步：

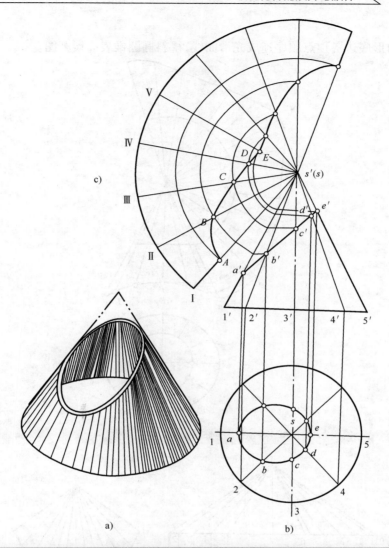

图1-31 用放射线展开法作已知主、俯视图斜口圆锥管的展开图

① 按图1-31所示方法,把上平口以上当成完整圆锥面展开成扇形。

② 把展开图上各素线延长,同时用旋转法在主视图上求得实体部分各素线有效实长后,在展开图上截取相应长度,得点A、B……并连成光滑曲线,即得所求展开图。

(7) 用放射线展开法作斜椭圆锥的展开图,如图1-33所示。

① 分析。斜椭圆锥的正截面是椭圆,作其展开图时,可按图1-29所示斜棱锥来展开,由于斜椭圆锥面上的素线不等,应分别求出它们的实长。

② 作图。

a. 将俯视图上圆周分为12等份,并画出各素线的两面投影(图中前、后对称,只画前半部的投影)。

b. 用旋转法求出各素线的实长 $s'1_1$、$s'2_1$、$s'3_1$……

c. 用素线 $s'0'$、$s'1'$ 以及底圆等分点之间的弦长作第一个 $\triangle S01$,用同法依次作出其他的

11个三角形。

d. 把三角形底边各顶点顺序连成光滑曲线,得斜椭圆锥表面展开图。

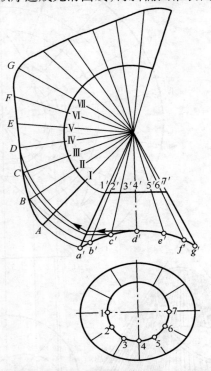

图1-32 用放射线展开法作上平口、下曲口圆锥管的展开图

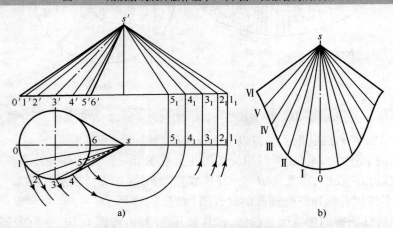

图1-33 用放射线展开法作斜椭圆锥的展开图

(8)用放射线展开法作平口斜椭圆锥管展开图,如图1-34所示。

平口斜椭圆锥管可看成斜椭圆锥截切去锥顶部分而成,应先按图1-34所示方法求作完整斜椭圆锥表面展开图。用旋转法求得平口斜椭圆锥管各素线的有效长度,即以s'为圆心,分别把所截部分的素线实长转到展开图上对应素线上,得各点,并顺序连成光滑曲线,即得所求展开图。

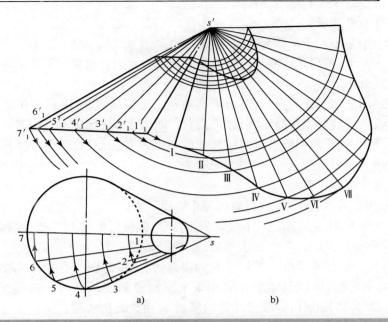

图 1-34　用放射线展开法作平口斜椭圆锥管的展开图

3. 放射线展开法小结

放射线展开法是很重要的一种展开方法,它运用于所有锥体及锥截管件或构件的侧面展开。尽管锥体表面各式各样,但展开方法却大同小异,作法可归纳如下:

(1) 在二视图中(或只在某一视图中)通过延长投影边等手段完成整个锥体的放样图。

(2) 通过等分断面周长(或任意分割断面全长)的方法,作出各分点所对应的断面素线(包括棱锥侧棱以及侧面上过锥顶点的直线),将锥面分割成若干小三角形。

(3) 应用求实长的方法(常用旋转法、直角三角形法),把所有不反映实长的素线,与作展开图有关的直线的实长一一不漏地求出来。

(4) 以实长为准,利用交轨法(正锥体可用扇形法)作出整个锥体侧面的展开图,同时作出全部放射线。

(5) 在整个锥体侧面展开图的基础上,以放射线为骨架,以有关实长为准,再画出锥体截切部分所在曲线的展开曲线,完成全部展开图。

(八) 三角形展开法

对于可展曲面来说,因为整个曲面是可展的,因此每一部分也一定是可展的。有些钣金构件的表面是由平面、柱面和锥面的全体或部分曲面等组合而成的任意形状表面,全部是由各种可展表面的部分表面组合而成,因而也一定是可展的。

在钣金制件上,有的表面(平面或曲面)不宜或不可能用平行线或放射线法直接求作展开图时,常把这种表面划分成若干三角形平面或三角形曲面,然后求得三角形各边的实长,再由已求三角形边长依次拼画出各个三角形,就能作出制件的表面展开图。这种应用三角形作图原理求作展开图的方法,称为三角形法或三角线法。

1. 三角形法展开原理

若形体的表面是由若干平面与曲面、曲面与曲面、平面与平面构成，那么，就可以把表面划分成若干小三角形，然后把这些小三角形按原来的相互位置和顺序不遗漏地铺平开来，则形体表面就被展开了。

三角形法虽然能用于任何形体，但由于这种办法比较烦琐，所以只有在必要时（用三角形法比用平行线法或放射线法简单时）才采用它。如当形体表面无平行的素线或棱线，不适于用平行线展开法，又无集中所有素线或棱线的顶点，不适于用放射线法展开时，才采用三角形法作展开图。

2. 三角形展开法的应用

(1) 用三角形展开法作上、下方口错位漏斗的展开图。

①分析。从图1-35中可知，上、下口均为正方形，但位置偏错45°，整个侧面由两对4个全等腰三角形所围成。其上、下口是水平面，水平投影的正方形为实形，各边 a、b 为实长，8条侧棱相等，是一般位置直线。若以 I II 为接缝边，则展开图应有9个三角形（首尾为直角三角形）。由于对称，所以只需求作其中3个三角形的实形即可。接缝线 I II 为正平线，正面投影 $1'2'$ 为实长(n)，等腰三角形的腰长 m 用旋转法求得。

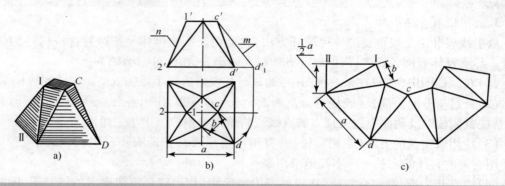

图1-35 用三角形展开法作上、下方口错位45°漏斗的展开图

②作图。

a. 用旋转法求作三角形中一条腰长的实长。如以 c 为圆心，过点 d 画圆弧求得 $c'd_1'$，$c'd_1'$ 为腰长 m 的实长。

b. 分别以 a、b、m、n 为边长，依次作出各个相邻三角形，即得其展开图。

由于梯形高和底边垂直，所以 I II 垂直 $a/2$，根据直角三角形已知两个直角边长（即 $a/2$ 和 n）便可作出的原理，斜边 m 为等腰梯形两腰的实长，所以不需用旋转法求腰长的实长。

(2) 用三角形展开法作汽车发动机罩的展开图。

汽车发动机罩是一块左右对称、上下两端形状不同的曲面，如图1-36a)所示，这样的曲面只能用三角形法展开。把曲面分成若干个小三角形，求出各小三角形的实长，就能作出展开图。作图步骤如下：

①将主视图中大端的曲线分成若干份（图1-36中为6份），各份可以相等也可以不等，为了作图的方便一般作等分。由于曲面左右对称，所以只要画一半即可。

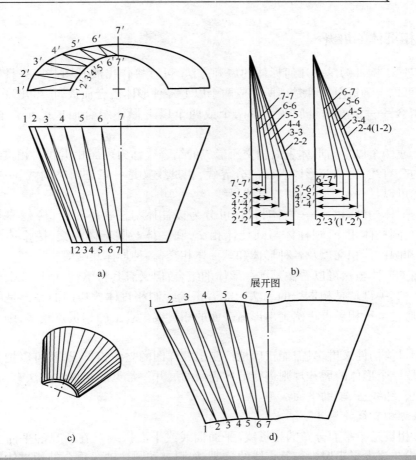

图1-36 用三角形展开法作汽车发动机罩的展开图

②把小端的半圆曲线也分成相应的份数,得1′、2′、3′…7′各点。把各对应点连成直线,再对角相连,即得到许多小三角形。

③按投影关系在俯视图中作出各连线的投影,这样把曲面分成许多小三角形,根据主、俯两投影直角三角形法求出各线的实长,如图1-36b)所示。

④以7-7线作为基准线(图形左右对称),向两边用实长线作出各三角形的实形即得展开图,如图1-36d)所示。

3. 三角形展开法小结

三角形展开法又称回归线展开法,因为它略去了形体原来相邻素线间的平行、相交、异面关系,而用新的三角线来代替,因此对曲面来说是一种近似的展开法,这种方法不仅可用来展开可展曲面,还可以作不可展曲面的近似展开图。三角形展开构件表面的3个步骤为:

(1)在放样图中将形体表面正确分割成若干小三角形。

(2)求所有小三角形各边的实长。

(3)以放样图中各小三角形的相邻位置为依据,以已知的或求出的实长为半径,通过交轨法,依次展开所有小三角形,最后将所得的交点视构件具体情况用曲线或用折线连接起来,由此得到所需构件的展开图。

(九)相贯体的展开

前面叙述了构件为单一几何形体的展开方法,可直接作出展开图。但在日常使用的构件中,经常可以看到钣金构件是由两个或两个以上多种形体组合而成,这就出现各种不同形体的相交结合——立体相贯问题。由两个或两个以上形体组合而成的形体构件称为相贯体。

由两个或两个以上的形体表面相交所形成的结合线称为表面相贯线。相贯线是相邻两形体表面的公有线,也是两形体表面的分界线,相贯线又是一条密封空间线,一些特殊形体的相贯线也可以是一条平面曲线或直线折线。

常见的形体构件组合——立体相贯,可分为棱柱体与棱柱体相交、棱柱体与棱锥体相交、棱柱体与圆柱体相交、圆柱体与圆柱体相交、圆柱体与圆锥体相交、棱锥体与棱锥体相交、圆锥体和圆锥体相交以及各种形体和球面体相交、多种形体相交等。

这些相贯形体虽然可以看做是单一形体的组合,但又有其特殊性,所以在展开方法上也有其特殊性,其关键就是相贯线的求法。能否正确绘制相贯体放样图的关键是能否正确求出相贯点,通过若干相贯点正确画出形体表面的相贯线。求出的相贯点越多,画出的相贯线越准确。

对于相贯体构件来讲,只需能正确地绘制出放样图的立体相贯线,就可以把各个相贯形体分解开,按单个形体的展开规则进行形体表面的展开。常见的相贯线求法有:直线形相贯线法、素线法、纬线法、辅助平面法等。

1. 直线形相贯线的展开

直线形相贯是指平面分布的相贯线(平面曲线或平面折线),在所在的平面垂直于投影面时,相贯线在该投影集聚为一条直线的情况,如圆锥和圆柱轴线重合的相贯体构件。因为此类构件的表面相贯线为一直线,所以可以很容易地把相贯两构件准确地分开,然后用平行线法展开圆柱体,用放射线法展开圆锥体,这里不再重述。

2. 用素线法求形体相贯线及其形体展开

素线法是利用素线作为辅助线与两形体相交以求得相贯线的作图方法。

(1)用素线法求相贯点的原理。用素线法求相贯点的原理是:设想圆锥面是由许多素线组成的,圆锥面上任一点必然在该点的素线上,只要求出该点的素线投影,即可求出该点的投影。

(2)用素线法展开相关体。

①异径圆柱三通管的展开,如图 1-37 所示。

a. 分析。由主、左视图可知,两圆柱轴线斜交,相贯线为前后对称封闭空间曲线,相贯线的主视图为曲线,左视图为一段圆弧。展开时分为斜、横两圆柱管展开,作图方法用平行线法。

b. 作图。

(a)作斜圆柱管展开图。画斜管端面圆,并等分为 12 等份,得等分点 1、2……过各等分点引斜圆柱轴线平行线,得斜圆柱面素线与已知相贯线相交点 $1'$、$2'$……得各素线有效长度,如图 1-37a)所示。

延长 $a'b'$ 线,取 AB 等于端口圆周长,等分为 12 等份,过各等分点作 AB 的垂线,与相贯

线上点 $1'$、$2'$……所引 AB 平行线对应交点Ⅰ、Ⅱ、Ⅲ、Ⅳ……把各点连成光滑曲线，即得所求展开图，如图 1-37b) 所示。

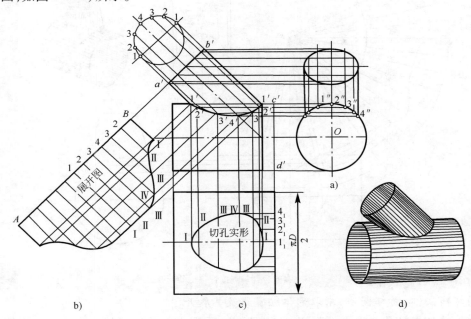

图 1-37 异径圆柱三通管的展开

（b）作横向圆柱管展开图。延长 $c'd'$ 线，先作出半个圆柱面展开图。用左视图上 $1''2''$、$2''3''$、$3''4''$ 的弧长，在半个圆柱面展开图的边线，截得点 1_1、2_1、3_1……过这些点引水平线与由主视图相贯线点 $1'$、$2'$……所引的垂线相交于点Ⅰ、Ⅱ、Ⅲ……并把这些点连成光滑曲线，即得横向圆柱管切口展开实形，如图 1-37c) 所示。

②圆锥台管与圆柱管正交的展开，如图 1-38 所示。

a. 分析。从主、左视图可知，圆锥台管和圆柱管两轴线垂直相交，相贯线为前后、左右对称空间曲线，左视图相贯线为 $1''1''$ 圆弧，主视图相贯线为曲线。求作展开图时，分为圆锥管和圆柱管展开，圆锥管用放射线法，圆柱管用平行线法。

b. 作图。

（a）作圆锥台管展开图。在主视图上把圆锥台假想为完整的圆锥体，即延长 $a'4'$ 与 $b'4'$ 交于锥顶 s'，及在适当位置作出底圆端面投影（$c'd'$），画半个底圆和 6 等分，从各等分点向 $c'd'$ 引垂线，得交点 $1'_1$、$2'_1$……分别与 s' 连线，得圆锥素线与相贯线的相交点 $1'$、$2'$、$3'$……及锥台上口相交点，从而获得圆锥台上各素线有效长度。以 S 为圆心，以圆锥轮廓线 $s'c'$ 为半径画弧作完整圆锥面展开，然后在其上求得各素线有效长度，把端点Ⅰ、Ⅱ、Ⅲ……按顺序连成圆滑曲线，即得所求展开图，如图 1-38b) 所示。

（b）作圆柱管展开图。作圆柱管展开的关键是作切孔展开，作图时画一垂线，以 $11''$ 起点，用左视图上各段弧长 $1''2''$、$2''3''$、$3''4''$ 在垂线截取 $2'_1$、3_1、4_1……过这些点作 $1''1''_1$ 的垂线，用主视图相贯线对称点距离 $2'2'$、$3'3'$、$4'4'$ 在该垂线截得各点光滑连线，即得切孔展开实形，如图 1-38c) 所示。

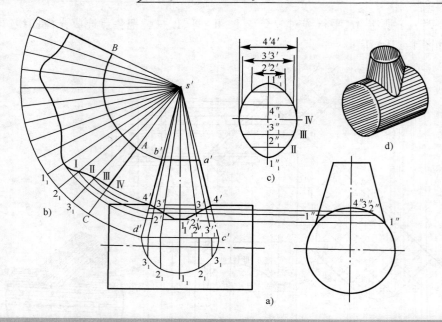

图 1-38　圆锥台管与圆柱管正交的展开

3. 用纬线法（又称纬圆法）求取形体相贯线及其展开图

一个形体如果被几个水平面截切，所得到的一系列水平截交线就称为纬线。对于旋转体，如果轴线垂直于水平面，则纬线一定为一个圆，即称为纬圆。

（1）用纬线法求相贯线的原理。其原理是：若过形体表面任一点作水平切面的截切形体，可得到一条纬线，那么该点必定在该纬线上，只要把该纬线投影到另一视图上，就可求出该点在另一视图上的投影。如在相贯体上作适当数量的纬圆，便可得许多相贯点，将相贯点圆滑相连即可得两形体的相贯线。

（2）用纬线法求相贯线及其展开图的应用。作圆柱面侧面直交正圆锥面的展开图。由图 1-39 可知，该两曲面相交相贯线为一封闭空间曲线。圆柱面轴线垂直水平面，相贯线在俯视图中集聚成圆，过相贯体相交部分作适当截切纬圆，即可求出主视图的相贯线。其作图步骤如下：

① 由已知尺寸画出形体放样图。圆柱面与圆锥面相交最高点 a_5，最低点 a_1。将圆柱面半圆 4 等分并引垂线交圆锥面轮廓线于 2″、3″、4″三点；过 2″、3″、4″点作圆锥体纬线截切线，交锥面另一边于 2′、3′、4′各点，并过这几点作垂线交主视图 i_2、i_3、i_4。

② 分别过 i_2、i_3、i_4 作水平线交 22″、33″、44″于 a_2、a_3、a_4 各点；圆滑连接 a_1、a_2、a_3、a_4、a_5 各点，即得到该形体在主视图上的相贯线。

③ 用平行线法画出斜截圆柱面展开图。

④ 用放射线法画出正圆锥展开图。

⑤ 在圆锥面展开图上画出相贯线展开图：

a. 分别以 A 为圆心，以 Ai_1、Ai_2、Ai_3、Ai_4、Ai_5 为半径画弧，交锥面展开图中线于 a、b、c、d、e 点；

b. 以锥面中心线为轴线，分别过 b、c、d 各点，对应截取圆柱四纬圆交点，得 6 个端点；分别圆滑连接 $a \sim e$ 间 6 点，即得到锥面展开图的相贯线。

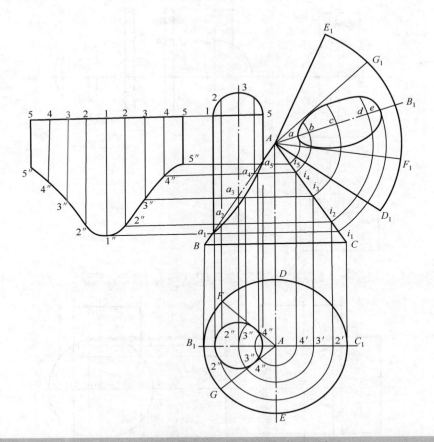

图 1-39 作圆柱面侧面直交正圆锥面的展开图

4. 用辅助平面法求形体相贯线及其展开图

（1）用辅助平面法求相贯点的原理。辅助平面法就是用辅助平面同时截切两相贯体，找出截面与交线的交点——相贯点。如果把一个相贯体特别是在任何投影面上都不能反映实形的相贯线，用若干辅助平面同时截切相贯部分，就可以得到若干个相贯点，那么相贯线也就可以很容易地连接起来。图 1-40 所示为辅助平面法求相贯线的原理。

为了使作图简便，选择辅助平面应根据以下原则：

①辅助平面必须同时过两形体和两形体的相贯处。

②截交线应是最简单的几何图形。

③截交平面一般应平行于正投影、垂直于水平投影，这样才能使分件展开投影方便。

（2）用辅助平面法求作两圆柱相贯的相贯线。

由图 1-41 可知：由于圆柱前后左右对称相交，在俯视图上，小圆柱集聚为一个圆；在左视图上，大圆柱集聚为一个圆，在主视图上由于本图平行于正投影面，故 $b'd'$ 两点就是主视图相贯最远两点，是左视图相贯的最高点。用辅助平面法求相贯点具体作图步骤如下：

①确定辅助平面 P_1P_2，使之平行于正投影面，在俯视图中 P_1H、P_2H 与小圆相交于 1、2 点，在左视图中 P_1W、P_2W 交于大圆 1″、2″ 两点。

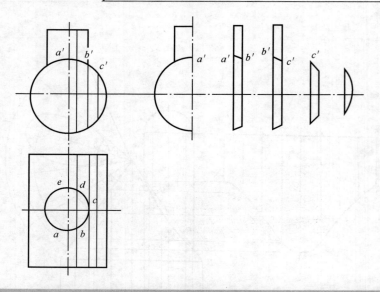

图1-40 辅助平面法求相贯线原理图

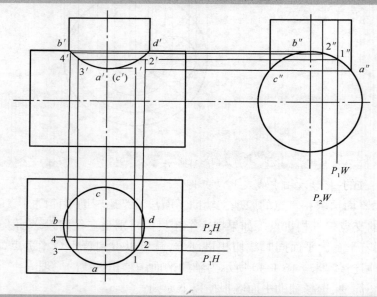

图1-41 用辅助平面法求作两圆柱相贯的相贯线

②按照辅助平面法原理过俯视图1、2各点向上引垂线与左视图过1″、2″引的水平线交于1′、2′两点。

③圆滑连接b'、$4'$、$3'$、$a'(c')$、$1'$、$2'$、d'各点即得圆柱的相贯线。

④从相贯线处分解两圆柱体,用平行线法分别展开。

5. 求相贯线方法的使用条件及其选择

以上讨论了包括直线形相贯线在内的5种求相贯线方法,其他还有移出截面法、中心投影法、迹线法等,因不常使用,不再细加讨论。从上述讨论中可以看出,求相贯线方法都是根据形体相交的不同特点来选择的。究竟用哪种方法好,哪种方法最简便,作图最迅速、最准确呢？可根据以下使用条件来选择求相贯线的方法。

（1）应用素线法和纬线法时，相交体的相贯线在某一视图中必须是已知的，至少要画出两视图及断面图。

（2）当相贯线在任一视图中均不反映实形时，应用辅助平面法，且至少要画出主、俯两视图及断面图。

（3）当相贯线在任一视图中均不反映实形时，也可用辅助球面法，但两形体必须为旋转体，且两形体的轴线应相交，同时平行于某一投影面，至少要画出正投影图。

（十）不可展表面的近似展开

在形体分析中已经谈到，凡曲线旋转或曲线扭转所形成的几何形体均是不可展表面，如球面、抛物面、螺旋面等。对于这些形体，虽然不可能得到精确的展开图，却可以通过分割组合，得到它的近似展开图。

将一个不可展形体表面切割成很多小块，然后把每一小块都近似地看成一个小平面，最后把这些小平面按位置、顺序不错乱地铺在一个平面上，这样不可展形体平面就被近似地展开了。

根据这种思路，对不可展曲面近似展开的一般原理作如下表述：根据被展开曲面的大小和形状，将其表面按一定规则分割成若干部分，再假定所分的每部分都是可展曲面，一一展开，于是就得到不可展表面的近似展开图。

1. 纬线法展开球面

若在球面上任取一点，使该点在垂直于球面某一轴线的平面内旋转，该点的轨迹一定为一条封闭的平面曲线，这条曲线称为球面的纬线。如若沿着纬线的方向划分球面，相邻两纬线之间的球面被近似地看成以相邻两纬线为上、下底边的正圆锥面或圆柱面。然后就可以用前面已经叙述过的展开方法把各个正圆锥和圆柱面进行展开了。这种划分方法称为纬线划分法，即纬线法展开。

图1-42所示为球形的放样图及用纬线法所作的近似展开图，其作图步骤如下：

（1）在主视图上，连直径在内作5条水平线，实际上为5个垂直于旋转轴的平面与旋转面的交线——纬线。纬线与轮廓线的交点为1、2、3、4、5点。水平投影为5个同心圆并反映实形。过12、23、34圆弧段终点作切线，并与轴线交于O_2、O_3、O_4点，这样将球面划分为1122、2233、3344三个近似圆锥台面，中间4455纬线圈之间近似于一个圆柱面，另一半对称的4个面未画，但同样可按上述方法对称画出，共计9个单元。

（2）中间单元4455组成的近似圆柱面，其展开图形为近似矩形，展开长度为πD，展开图形的宽度为a，即2倍4455宽度。

（3）分别展开各锥面，对1122近似圆锥面，以O_2为锥顶，R_2为素线长，12线为近似圆锥台侧面素线长，22线为底面直径，按这些尺寸画出扇形展开图。同理，按这个方法也可画2233、3344近似圆锥台的扇形展开图。

（4）上下两个较小球顶面，可以近似地看做是半径为R_1的平面圆。至此，用纬线法将分为9个单元的球体近似地全部展开了。

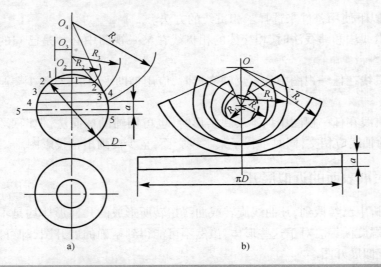

图 1-42 球形的放样图及用纬线法所作的近似展开图
a) 主、俯视图；b) 展开图

2. 经线法展开球面

当用一个平面过球面的轴线切割旋转体时，该平面与旋转体表面的交线称为球面的经线。若顺着球体经线方向把球面划分为若干等份，把其中两相邻经线之间的不可展曲面近似地看做沿经线方向单向弯曲的可展圆柱面，然后再用平行线法展开这一近似圆柱面，这种方法称为经线划分法，亦即经线法展开球面。

如图 1-43 所示为半球的放样图及用经线法所作球面的展开图。其作图步骤如下：

（1）将俯视图外圆 8 等分，得等分点 A、B、C、D、E、F、G、H，并将各点与圆心 O' 连线。

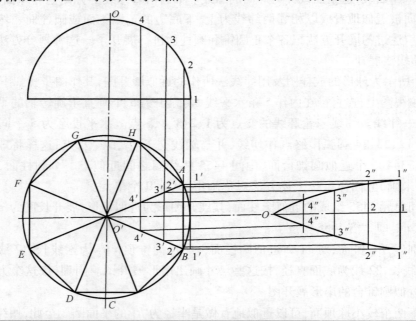

图 1-43 半球的放样图及用经线法所作球面的展开图

(2)将主视图 $O1$ 的圆弧线 4 等分,得等分点 O、4、3、2、1,过各等分点作垂线,交俯视图 $O'A$ 与 $O'B$ 于 $2'$、$3'$、$4'$各点。

(3)分别过 $1'$、$2'$、$3'$、$4'$、O'各点作一组水平线。在过 O'直径所作的水平线上适当地方取线段 $O1$,并使其等于立面图中 $O1$ 的弧长(实际为 πR 长,R 为圆球半径)。

(4)按主视图 4 等分点照录于 $O1$ 直线上,再分别过 4、3、2、1 各点作 $O1$ 的垂线,与水平线对应相交于 $4''$、$3''$、$2''$、$1''$各点。

(5)圆滑连接 O、$4''$、$3''$、$2''$、$1''$各点与 $1''1''$直线即得到半球面的近似展开图。

(十一)各种展开方法的比较

以上介绍了放样的基本知识,分析了各种形体的可展表面和不可展表面,举例说明了用平行线展开法、放射线展开法、三角形展开法三种基本展开法展开常见可展开表面的展开方法;举例说明了相贯线的正确求法及其展开方法的应用;举例说明了不可展表面的近似展开方法。通过上述介绍知道,正确地选择展开方法是基于对形体的正确分析。对相贯体的展开,关键是如何正确地求出相贯线;对不可展表面的展开,则关键是如何正确地分解图形。各种不同形体的展开都有其特殊性,而且都有多种不同的方法进行展开,究竟哪种方法更准确适用,哪种方法更简单易行,通过比较就会有一个较清晰的概念。

1. 三种展开方法展开各种可展表面的比较

平行线展开法、放射线展开法和三角形展开法是制作钣金构件展开图的基本展开方法。当拿到一个钣金构件的视图时,首先应正确地对构件进行形体分析,对构件表面的棱线或可利用素线进行分析,抓住构件表面的主要特点,在上述三种方法中选取可行和最简便的一种。这就必须懂得三种展开方法的关系及其应用范围。

(1)三种展开方法之间的关系。从展开实例中可以看出,三角形展开法能展开一切可展形体的表面,平行线展开法仅限于展开素线相互平行的形体表面,放射线展开法则只适于展开素线交汇于一点的形体表面。这说明了平行线展开法和放射线展开法只是三角形展开法的两种特殊情况。

(2)三种展开方法的适用范围。

当构件表面由相互平行的素线和棱线所组成,而且这些素线和棱线均平行某一投影面,在该投影中反映实长时,比较适合用平行线展开法。

当构件表面的素线和棱线或其延长线能够交于一点,即构件表面为锥体时,适合用放射线展开法。

当构件表面的素线和棱线既不相互平行,又不能交汇于一点时,应采用三角形展开法。而对于由多面所围成的构件,用一种方法不好完全展开时,可以同时使用两种方法。

三角形法还可用于不可展表面的近似展开,这是平行线法和放射线法所不能相比的。

2. 相贯体展开的各种方法比较

相贯体的展开,关键在于相贯点、相贯线的求法。只要正确求出相贯体的相贯线,就可以从相贯线位置把形体清楚分开,然后即可用展开形体表面的三种方法选择展开了。

(1)几种求相贯线方法之间的关系。素线法、纬线法、辅助平面法虽各有特点,但它们的相同之处都是把相贯线看做是无数相贯点的结合。那么顺次找出具有代表性的几个相贯点,就是它们的共同目的,这个目的就要求准确地找出相贯点在各个视图中的表现规律,而这几种方法尽管形式不同,但都是通过素线相交的原理、视图投影的规律以及点在三视图中的坐标位置等相互关系而确定的。所以素线法是求相贯点的基础,纬线法、辅助平面法都是对素线法的发展。

(2)几种方法中,针对不同形体的结合,采用适当、间接的方法,或者多种方法的联合使用都是可行的。

素线法具有普遍性,可适用于任何相贯形体。它是在有已知点的视图上作过已知点的素线,然后再根据投影规律将该素线投影到另一视图中,找出素线上相应已知点的位置。

纬线法原理与素线法相同,但它用的是过已知结合点作纬圆的方法,特别适合于在水平投影面上反映实形的圆锥、圆柱、圆球等形体。

用辅助平面法则可适用于任何形体的相贯线,只不过所谓辅助平面是过相贯部位所引的若干条平行直线,然后对交点进行投影。辅助球面法对两形体相贯则有特殊要求,它仅适于两旋转体轴线空间相交且必须平行于某一投影的形体。

3. 不可展表面近似展开方法的比较

对于不可展表面的近似展开,我们把它分了两部分,一部分是用纬线法、经线法、经纬联分割法近似展开不可展球面,它们是一致的,只不过采用的分割方法不同,都是把球体表面分割为若干近似平面或锥面、柱面,然后再分别展开。它们的原理也是一致的,其优劣也差不多,三种方法均可选用。另一部分则是用三角形法展开。三角形展开法与前面所讲可展形体的分割完全相同。

(十二)样板的特点和作用

当生产批量大时,不可能逐件放样展开画线;当构件较大时,也不可能在一块板料上进行画线;还有如形状较复杂或引圆弧太大时,也难以在小块材料上进行画线作业。这就需要有一种合理的方法进行放样、展开。在钣金作业中,最常用的方法就是制作样板。在钣金作业中,对于不适于单件放样展开的构件,按照放样展开规则画到适当的板面材料上,然后准确地剪切校正后制作的标准形体展开板面,称为样板。

1. 样板的种类

样板的种类很多,按使用周期、使用材料及用途分类如下。

(1)按使用周期分类。按使用周期分类,可分为:

①单件使用样板。一般用纸质制成。

②小批量使用样板。一般用胶板或普通金属材料制成。

③大批量使用样板。一般用优质钢板,经合理热处理后制成,有时还需要进行表面处理。

(2)按用途分类。按用途可分为生产用样板和检验用样板。

①生产用样板。

a. 画线样板,专供在板料上画线、排料使用。

b. 下料样板,供生产中在下料时画线及比试裁料使用。

c. 靠试样板,专供在构件生产中曲面或凸凹面成型使用,这种样板也可作检验用。

d. 精密构件样板,制作精度较高,专供制作一些精密构件如精密凸轮等使用。

e. 在钣金修理中还经常用实形样板,即先在纸上放样展开,然后紧铺在板料上画线或按线剪切后再行分解加工。

② 检验用样板。可分为非标类样板和标准类样板。

a. 非标类样板有:平面直线样板,供检验大型构件的平面用;形位样板,供检测构件各部位形状位置尺寸使用;外径尺寸样板,专供检验正圆柱、圆锥等旋转体外径用;内径尺寸样板,专供检验构件槽时使用。

b. 国家标准类样板。它包括:靠试样板,这里主要指检测平面平直度或垂直度的直尺、弯尺及刀口平尺等;中心样板,主要用来检测常用角度、刀样板等;螺纹样板,主要用来检测米、英制螺纹的螺距;圆弧样板,用来检测构件的圆弧连接部分,如外径规、内径规等;线规,主要用来检测各种标准线材直径。当然,严格地说,几种国家标准类样板实际均是靠试样板,均是用靠试的方法进行检测。

2. 样板的特点

样板是钣金工放样展开工艺的结晶。它完全是按照钣金工放样、展开的画线规则进行放样展开,然后按照展开图下料制作而成。

样板具有通用性。它一旦制成,就成为钣金画线下料的依据,画线、下料数量多少均是一样。

样板具有准确性、标准性。它是构件展开的样板,画线下料后,构件是否合格,一般均应以样板为检测对比标准。

样板还具有示范性。在批量生产之前,往往需通过制作样板来试验构件的成型情况,以判定板厚处理及成型中的意外变化因素。

3. 样板的用途

样板在钣金作业中,占有很重要的地位,它的用途是不容置疑的。

(1)样板适用于大批量的钣金生产。在大批量生产中,使用样板画线可节省单件画线时间,省力省工。

(2)使用样板可以方便地在板料上合理排料,不但节省了放样展开时辅助画线的材料,而且排除了单件画线排料的不合理性和无数条线交错的混乱性,可节省大批原料。

(3)利用样板画线下料可以大幅度提高钣金构件的质量,保证构件的一致性、通用性和互换性,易于实现构件的标准化,方便检测,减少质量问题的偶然性。

(4)利用样板试制构件,减少了批量生产中画线下料的盲目性,可及时根据构件的成型情况,发现存在的问题,准确无误后,再进行大批量生产。

4. 样板的使用方法

(1)使用样板必须要首先爱护样板,做到轻拿轻放,不得敲、打、挤、压。

(2)使用样板画线时,应将划针与样板边缘向外、向前构成30°的倾斜角,以使画线既保证了按样板实形,又保证操作时划针颤动。

(3)使用样板检测时,不论哪种检测工具,均应把检测面与构件被检测部位贴紧,且必须保证检测样板整体与被检测面垂直。

(4)使用后应妥善保存样板,注意防锈、防腐、防变形。

(5)使用实形样板应把纸板与板料摊平,避免折皱变形引起下料不准。

5. 样板的制作方法

样板的制作方法如下：

（1）按放样展开规则在样板材料上准确画线，画线后，删去不必要的线条或做好不必要线条的标记。

（2）用金属材料制作样板，应在展开线上打好中心冲眼。

（3）按照构件板厚要求和接口要求做好板厚处理，留好预加余量。

（4）按照画好的展开线条剪切裁料，对曲线部分特别注意避免过裁和裁伤。

（5）按一定金属加工方法进行切削精加工，并随时检查加工形状尺寸。

（6）加工完后应进行严格检验，或进行构件试制，最后确认样板准确无误后，才能投入使用。

（十三）板厚处理

任何一个钣金件都是由一定厚度的板料制作而成的。在不同情况下，板厚会对钣金构件的尺寸和形状产生一定的影响，将这些影响在放样及展开的过程中采取相应措施予以消除的实施技术就称为板厚处理。对于薄板构件，如果略去板料的厚度，其产生的影响对构件的误差一般可以在工程允许的公差范围之内。因此，在实际工作中，当板厚等于或小于1.5mm时，可以不考虑板厚处理问题。对于厚板构件则必须研究处理，掌握板料厚度处理的规律，并设法将板料厚度略去，画出没有板厚的放样图、展开图，以保证加工后所得到的钣金构件符合设计要求。

1. 根据构件的断面形状进行板厚处理

（1）断面形状为曲线时的板厚处理。

①图 1-44 表示将板厚为 t 的平板弯曲成圆弧状时断面长度的变化，当板料弯曲时，里皮压缩、外皮拉伸，它们都改变了原来长度，只有中心层长度不变（这里假定板的中心层与板的应变中心层重合，实际上板料弯曲时长度不变的应变中心层将依弯曲程度的不同而有微观位移，并不一定在板的中心层上，但位移量很小）。因此，下料时的展开长度应以中心层的展开长度为准。

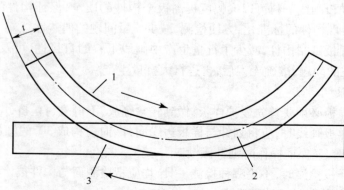

图 1-44　板厚为 t 的平面板弯曲成圆弧状时断面长度的变化情况
1-里皮；2-中心层；3-外皮

圆管是断面为曲线构件的特例,如图 1-45 所示,其展开长度必须以中径为准计算,展开图为一矩形,高度为 H,矩形的长为 πd_1,即等于 $\pi(d+t)$ 或 $\pi(D-t)$,在实际中,这类圆管的放样图只需画出中径尺寸即可。

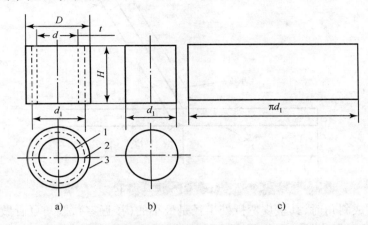

图 1-45　圆管在放样展开时的板厚处理
a)视图;b)放样图;c)展开图
1-里皮;2-中心层;3-外皮

②圆锥管的板厚处理,如图 1-46 所示。圆锥管的大小端均以中径为准绘制放样图、展开图。其展开图为一扇形,它的大端弧长为 $\pi(D-t)$,小端的弧长为 $\pi(d-t)$,圆弧所对圆心角 α 为:

$$\alpha = \frac{(d-t)}{L} \times 180° \tag{1-1}$$

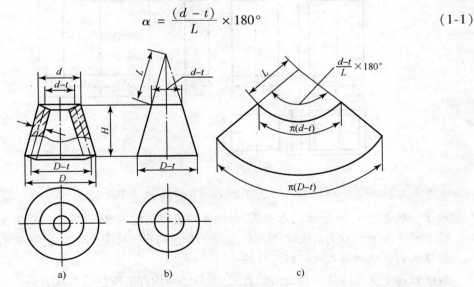

图 1-46　圆锥管放样展开时的板厚处理

综上所述,断面形状为曲线时,板厚处理方法是:以板厚的中心层为准绘制放样图并进行展开,其展开长度以中心层长度为准。

（2）断面形状为折线时的板厚处理。图 1-47 表示将厚度为 t 的平板折成斜角的断面图。

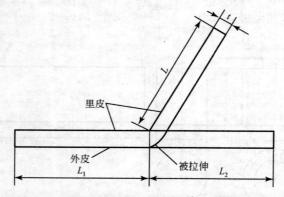

图 1-47　弯折时板料断面变化情况

当平板被折成斜角时,其里皮弯折处半径是极小的（接近零）,圆角可看做板料在角点处发生急剧弯折,这时里皮长度变化很小,而外皮弯折处则是半径近似等于板厚 t 的圆角,这时外皮与中心层都有较大的长度变化,未被弯折的 L_1、L_2 的长度几乎没有变化,因此,这类构件在进行板厚处理时应以里皮为准。这类以里皮为准的板厚处理原则,适用于所有断面呈折线形状的构件。图 1-48 所示的矩形管板厚处理,就是以里皮为准放样展开的一个实例。其展开图为一矩形,根据矩形管图进行放样及展开时,高不变,仍为 H；长度按视图里皮为准,即为 $2a+2b$。

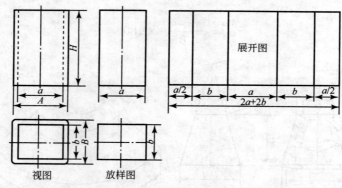

图 1-48　矩形管板厚处理

对于一些如图 1-49 所示的弯折板,也同样一概以里皮为准,即 $L = A + B + C$。

综上所述,断面形状为折线时,板厚处理的方法是：以里皮长度为准,绘制放样图,并予展开。

2. 根据构件咬接形式进行板厚处理

板厚处理不仅与构件本身的形状有关,而且还与构件的咬接口形式有关。

（1）接（咬）口与接（咬）缝。接口与接缝是两个不同的概念。所谓接口是指构件上由两个或更多个的形体相交而形成的结合处,如 90°两节圆管弯头的结合处（实际也是形体相贯的相贯处）,就称为接口；而所谓接缝,则是指一块板料成型后,对应边相接的缝隙,它是本身相对边缘的结合,是零件自身成型的需要。但是不论是接口或接缝,都需要进行板厚处理。

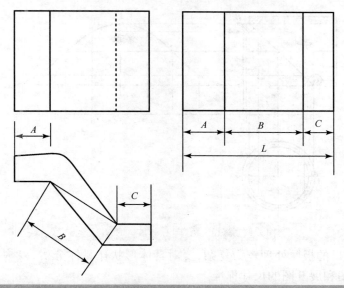

图 1-49　向两个不同方向弯折平板的板厚处理

图 1-50 所示为两节 90°圆管弯头接口处处理前后的情况。图 1-50a）表示两节 90°弯头。图 1-50b）为接口处没有进行板厚处理的情况。很明显，由于没有进行板厚处理，不但弯头角度不对，而且接口中部还有缝隙（即缺肉）。图 1-50c）则是经板厚处理接口处的情况，两节管接口处完全吻合，在加工成型时自然省工省力。可见，接口处的板厚处理也是一个不容忽视的问题。在生产中，由于工艺不同，板厚处理的方式也不同，一般可分为铲坡口和不铲坡口两种。

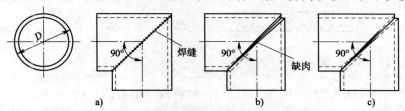

图 1-50　90°圆管弯头接口处处理前后情况

（2）不铲坡口时的板厚处理。不铲坡口是指下料时沿金属板面的垂直方向切割而形成的直角坡口，常称自然坡口。如图 1-51 所示为等径直角弯头不铲坡口的板厚处理。

由图 1-51 可知，弯头内侧管外皮在 A 处接触，而弯头外侧圆管里皮在 B 处接角，其他部位则由 A 到 B 逐渐地过渡到中心层接触，再过渡到里皮接触。A 处坡口在里，B 处坡口在外，在作展开图时应根据这一特点，以相互接触位置的相应素线的尺寸为准。

在实际展开过程中，常将断面圆周均分若干等份，本例为 8 等份，等分点 1、2、8 画在外皮上，因为它们离 A 点较近；4、5、6 画在里皮上，因为它们离 B 点较近；3、7 两点则在中心层上。然后由 1~8 向上引垂线与 A、B 相交，弯头下口至各交点的距离，即为展开图上相应素线的高度。

基于上述理论，放样图可这样绘制，在正面图中画出弯头内侧的外皮、弯头外侧的里皮以及两个端口的线及接口 AB 的连线。在断面图中画出左边的外皮半圆、右边的里皮半圆以及中心层所在圆，然后再取等分点就可以依次展开了。

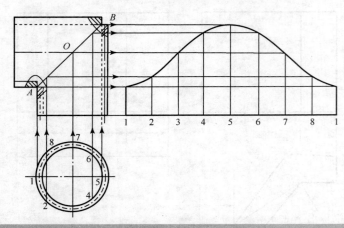

图 1-51 等径直角弯头不铲坡口的板厚处理

总之,不铲坡口的板厚处理较为复杂,要对具体形状作具体分析,以构件接触部位的有关尺寸作为放样图和展开图的尺寸标准。

(3) 铲坡口时的板厚处理。铲坡口是将板边切割成一定形状的斜坡。板厚构件在接口处铲坡口,不仅可以调整接口接触部位,还能改善焊接条件,提高焊接强度。常用坡口有 X 形和 V 形两种,如图 1-52 所示。

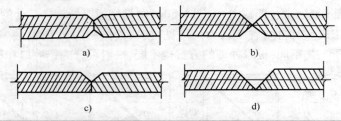

图 1-52 常用坡口形状

仍以 90°圆管弯头为例,铲成 X 形坡口后,只有板厚中心层接触,因此,放样图只要画出板厚中心层就可以了。展开图的展开长度和展开高度都以板厚中心层为准。如图 1-53 所示为等径直角弯头铲 X 形坡口的板厚处理。

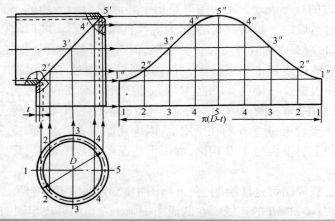

图 1-53 等径直角弯头铲 X 形坡口的板厚处理

3. 板厚处理小结

综上所述,可以将板厚处理的一般规则归纳如下:

(1)管件的展开长度,凡断面为曲线时,一律以板厚中心层的展开长度为准;凡断面为折线的,一律以板的里皮为准。

(2)侧面倾斜的构件高度,一般以板厚的中心层高度为准。

(3)相交构件放样图的高度和展开高度,不论铲坡口与否,一般以接触部位为准。假如里皮接触则以里皮尺寸为准,外皮接触就以外皮尺寸为准,如果是中心层接触则以中心层尺寸为准。

(4)如不铲坡口时,某些构件的接口部分往往产生这样的情形:在不同的地方外皮接触,这时在放样图上,要把相应的接触部位画出来,展开图上各处的高度也相应地各取接触部位的高度。

(十四)简单几何形体的展开计算

经过形体分析与放样展开,知道最常见几何形体表面有圆柱面、棱柱面、圆锥面等。这些几何形体表面都是可展表面。其展开的计算法是根据构件的已知尺寸和几何条件,通过解析计算,直接求出绘制展开图时所需的几何尺寸,按计算出的尺寸绘制钣金构件的展开图。

(1)正圆柱管的展开计算。正圆柱管经板厚处理,以中心层尺寸画出的主、俯视图,作为计算展开尺寸的依据。图1-54中,正圆柱管展开后为一矩形,其长边为L,短边为h。其展开计算公式如下:

$$L = \pi(D - t) = \pi(d + t) = \pi d_1$$
$$S = Lh = \pi(D - t)h = \pi(d + t)h \tag{1-2}$$

式中:L——正圆柱中心展圆周长,mm;

S——展开后表面积,mm^2;

d_1——中心层直径,mm;

D——正圆柱管外径,mm;

t——板料厚度,mm;

h——正圆柱管高度,mm。

(2)正圆锥台的展开计算。图1-55所示为正圆锥台展开计算图。已知尺寸:D为大端中径(mm);d为小端中径(mm);h为中心层中心线间锥面高(mm)。

展开图以中心层尺寸为准,其计算公式如下:

①整体圆锥体高:

$$H = \frac{Dh}{D - d} \tag{1-3}$$

②上锥体高:

$$h_1 = H - h \tag{1-4}$$

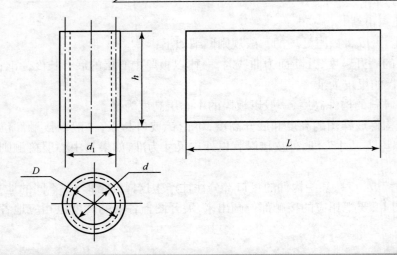

图1-54　正圆柱管的展开计算

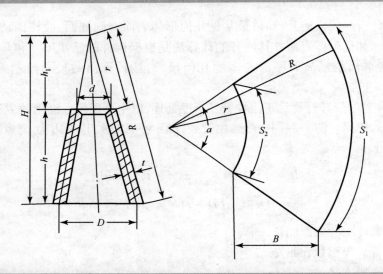

图1-55　正圆锥台展开计算

③整圆锥体展开半径：

$$R = \sqrt{H^2 + \frac{D^2}{4}} \tag{1-5}$$

④上半部圆锥展开半径：

$$r = \frac{h_1 R}{H} \tag{1-6}$$

⑤展开料夹角：

$$\alpha = \frac{180°}{R} \tag{1-7}$$

⑥展开料小端弧长(mm)：

$$S_2 = \pi d \tag{1-8}$$

⑦展开料大端弧长(mm)：

$$S_1 = \pi D \tag{1-9}$$

(十五)合理用料

在钣金加工中,经常遇到画线、裁料的问题。而在画线、裁料中,又往往因画线手段不当、加工余量不足、排料方法不妥甚至无法裁剪等原因,造成构件的质量问题,造成工时、材料的巨大浪费。因此,在钣金加工中,特别是在汽车钣金加工中,合理用料是重要的环节。能否合理用料,对提高工作效率、提高材料利用率、增加经济效益具有极其重要的意义。

1. 合理用料需要考虑的因素

要做到合理用料、选择用料的最佳方式,需考虑的因素很多,归纳起来有如下几点：

(1)加工构件的规格尺寸。所需加工面和不加工面;加工面要求精度和需留余量;钣金加工所要求的方式,是咬接,还是焊接;板厚处理的展开尺寸及其他工艺要求等。

(2)根据形体分析的具体情况,确定所需钣金加工材料的规格,供采购选料,以避免造成边角料的浪费。

(3)根据构件形体分析情况和原材料情况,合理画线、排料。

(4)根据排料方式,选择裁料下料方式。一般来讲,常用的下料方式有手工下料、机械剪切、气割或其他方式切割等。根据合理的排料方式选择合适的剪切下料方式,也是合理用料的重要一环。选择不当,会造成原材料的巨大浪费和严重质量问题。一般来讲,单件薄板适于手工下料;厚件小批量件适于氧气切割;大批量件适于机械下料或冲裁下料。

(5)合理用料还应考虑到的一点,是应当尽量做到使用样板画线。样板的作用在前面已谈到,使用样板不仅方便排料,而且方便画线。有些形体,如大圆锥构件展开,直接在板料上画线,不仅难以实现,而且容易造成原材料的巨大浪费。所以对于一些特殊形体,应该注意使用样板画线,不要直接在原材料上进行。

2. 科学排料,合理配裁

在钢板上画单个零件,为提高板料的利用率,总是将构件靠近板料的边缘,且留出正常的加工余量。如若制造的零件数量较多,则必须考虑在板料上如何排列才合理,这种合理的排料方式称为合理配裁。

合理用料的关键就是能否科学排料,合理配裁。图1-56a)和图1-56b)为同一零件,选用不同的排料配裁方式,材料利用率大不相同。可以看出,图1-56a)比图1-56b)的材料利用率要低得多。从这个例子可以看出科学排料、合理配裁对节约材料所起的重要作用。

(1)合理配裁应考虑的因素。首先,必须是能够最大限度地节约原材料,尽可能地提高原材料的利用率,杜绝废品损耗,减少边角料占用。材料利用率可按下列公式表示：

$$\lambda = \frac{A}{A_0} \times 100\% \tag{1-10}$$

式中：λ——材料利用率,%;

A_0——材料原面积,mm^2;

A——材料占用面积,mm^2。

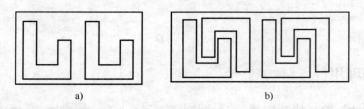

图 1-56 同一零件不同排料配裁方式
a）单件配裁；b）双件配裁

其次，还必须考虑到能够利用现有手段方便剪裁。例如：尽管排料很好，但剪板机不能剪切；手工剪切时，弧度太小，剪刀不能切出；氧气切割所留余量不够；在一些有孔的冲裁中，如孔边缘留料太小，也不能适合冲裁下料，易造成孔径变形等。

（2）采用合理配裁方式。对于合理配裁，一般采用以下方法：

①集中下料法。由于工件形状大小不一，为了合理使用材料，将使用同样牌号、同样厚度的工件，集中到一起一次画线下料。这样可以统筹安排，大小搭配，小构件使用大构件间的废料，提高材料利用率。如图 1-57 所示为集中下料排料示意图。构件间的废料减少，提高了材料利用率。

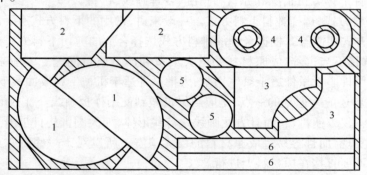

图 1-57 集中下料排料示意图

②长短搭配法。长短搭配法用于条形长度板料的下料。由于工件长短不一，而原料条形长度不一定与构件需要的长度一致，下料时先将较长的料排出来，然后根据剩余长度再排短料，这样长短搭配使余料最少。

③零件拼整法。在实际生产中，有时按整个构件排料，则挖去的下脚料太多，浪费较大，常常有意将该工件裁成几部分，然后再拼起来使用，以节省原材料。例如在板料上裁剪圆环构件时，如若采用整件裁切，中间和边缘留下的下脚料太多。为此，可将圆环分两半或者 1/4，再拼焊起来。如图 1-58 所示为圆环构件的拼整配裁，以 1/4 为单元拼切比以 1/2 为单元拼切原材料利用率要高，比圆环整体剪切则更高。

④排样套裁法。当工件下料的数量较多时，为使板料得到充分利用，必须精心安排构件图形位置，同一形状的工件或各种不同形状的构件进行排样套裁。

排样时，根据构件形体分析的特点，不同形状的构件应按不同的方式排列。通常有直排列、单行排列、对头斜排等方式。

对于一定形状的工件，应选择最经济合理的排料方式。

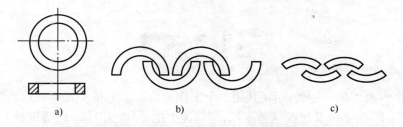

图 1-58 圆环构件的拼整配裁

图 1-59 所示为圆环、圆板套裁法,可以充分利用原材料。

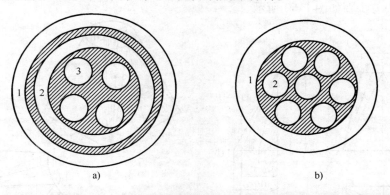

图 1-59 圆环、圆板套裁法
a)圆环;b)圆板
1~3-工件

总之,科学用料、合理套裁,是能否最大限度地节约原材料的关键问题,也是钣金工艺加工提高经济效益的重要环节,在排料配裁中,必须以最大限度地提高原材料的利用率,减少板料余量为准则。

3. 合理用料应避免的几个问题

合理用料中,工艺人员往往只注意具体的排料配裁问题,而忽视采购、分类环节,这是应引起注意的。合理用料还必须注意避免以下几个问题:

(1)尽量避免盲目采购原材料。采购时,除要求材质和厚度外,还必须根据构件的形状尺寸,选择能最大限度地提高材料利用率的尺寸。尤其是对于大型构件、大批量构件,一定要注意尽量采购符合构件展开长、宽尺寸,经计算后,截取合适尺寸,以避免边角余料的浪费。

(2)要坚决杜绝盲目裁料。对于大吨位卷板、较长尺寸的型钢,为了下料时方便,往往需要分料后再排料配裁。分料时,也要根据钣金构件的展开尺寸,经计算后截取合适尺寸,以避免不够料的余料。

(3)对于冲裁模的设计,既要注意每个构件下料时的限位要准确,避免废品的产生,又要考虑到构件间的余料要留得最小,以提高材料利用率。

(4)还应避免构件试产时的盲目试验。每试验一件都应认真、全面分析,找出试制产品件的所有弊病,解决后,再行试验,投入生产,避免试产时造成过多的材料试验损失。

二、任务实施

1. 准备工作

根据工作台面面积,可4名同学共用1个工作平台。学生每4人准备钣金锤1套,量具1套,画线工具1套,木锤及橡胶锤各1把,錾口锤1把,厚度为1mm的薄钢板1块。实训场地准备剪板设备2套。

2. 求作展开与放样图

作图方法与步骤如图1-60所示。

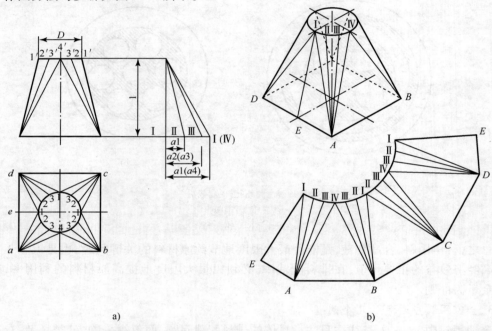

图1-60 天圆地方的展开图

(1)在天圆地方的水平投影上,将顶圆的每1/4周长分为3等份,得点1、2、3、4,并求出其正面投影 $1'$、$2'$、$3'$、$4'$,再将它们与 A 点的同面投影连线,得到椭圆锥面的4条素线 $AⅠ$、$AⅡ$、$AⅢ$、$AⅣ$ 的两面投影,如图1-60a)所示。

(2)取素线的水平投影和其正面投影两端点的 z 坐标差(即天圆地方的高)为两直角边作直角三角形,求出素线的实长为 $AⅠ$、$AⅡ$、$AⅢ$、$AⅣ$,且 $AⅡ = AⅢ$,$AⅠ = AⅣ$,同为等腰三角形腰的实长;用同样方法求得等腰三角形高的实长 $EⅠ$,如图1-60a)所示。

(3)作等腰三角形 $ABⅣ$ 的实形。取 $AB = ab$,分别以 A、B 点为圆心,以腰长 $AⅣ$ 为半径作圆弧得到交点 Ⅳ,$△ABⅣ$ 为实形,如图1-60b)所示。

(4)作锥体的展开图。分别以Ⅳ、A 点为圆心,以线段 43、$AⅡ$ 为半径作圆弧得交点Ⅲ,则 $△AⅢⅣ$ 为椭圆锥面1/3的展开图。用相同方法依次展开椭圆锥面的其余部分 $△AⅡⅢ$ 和 $△AⅠⅡ$。光滑连接Ⅰ、Ⅱ、Ⅲ、Ⅳ点,得到一个椭圆锥面的展开图,如图1-60b)所示。

(5)以 A、I 为圆心,分别以 $1/2AD$、EI 为半径作圆弧得到交点 E,则 $\triangle AEI$ 为等腰三角形 AID 一半的实形,EI 为天圆地方展开图切口的结合边。

(6)重复上述的作图步骤,依次作出天圆地方其余组成部分的实形和锥体的展开图,并且画在同一个平面内,从而得到整个天圆地方的展开图,如图1-60b)所示。

3. 制作样板

根据展开与放样图,采用1mm厚钢板制作样板。

(1)确定基准点、基准线。

(2)冲孔、画线。

(3)裁剪。

4. 打磨修整

使用气动砂轮机打磨板件边缘以去除毛刺。

三、评价反馈

1. 自我评价

(1) 通过本学习任务的学习,你是否已经掌握以下知识:

①常见几何图形的画法。_____
_____
_____。

②线段实长的求法。_____
_____
_____。

③平面图形实形的求法。_____
_____
_____。

④平行线展开法。_____
_____
_____。

⑤三角形展开法。_____
_____
_____。

⑥放射线展开法。_____
_____
_____。

⑦板厚的处理。_____
_____
_____。

⑧用计算机辅助展开几何形体。_____
_____
_____。

(2) 实训过程完成情况。

评价:_____
_____
_____。

(3) 工作着装是否规范?

评价:_____
_____
_____。

(4) 能否积极主动参与工作现场的清洁和整理工作?

评价：_____
_____。

(5)在完成本学习任务的过程中,你是否主动帮助过其他同学？是否和其他同学探讨学习中的有关问题？具体问题是什么？结果是什么？_____
_____。

(6)通过本学习任务的学习,你认为哪些方面还有待进一步改善？_____
_____。

签名：_____　　　____年____月____日

2. 小组评价

小组评价见表1-1。

小组评价　　　　　　　　　　　　　　　　　　表1-1

序号	评价项目	评价情况
1	学习态度是否积极主动	
2	是否服从教学安排	
3	是否达到全勤	
4	着装是否符合要求	
5	是否合理规范地使用仪器和设备	
6	是否按照安全和规范的规程操作	
7	是否遵守学习、实训场地的规章制度	
8	是否积极主动地和他人合作、探讨问题	
9	是否能保持学习、实训场地整洁	
10	团结协作情况	

参与评价的同学签名：_____　　　____年____月____日

3. 教师评价

_____
_____。

教师签名：_____　　　____年____月____日

学习任务 2　钣金构件的手工成型

1. 能够正确使用手工制作钣金构件的工具和设备；
2. 能够进行钣金构件手工制作的画线；
3. 能够进行钣金构件手工制作的下料；
4. 能够进行钣金构件手工的成型；
5. 能够进行成型钣金件的板厚处理。

利用 1mm 厚的钢板制作图 2-1 所示的五角星，并使其尺寸符合表 2-1 中的要求。

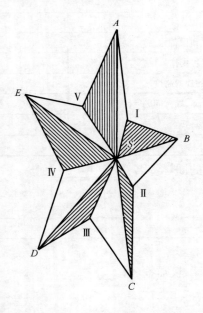

图 2-1　五角星构件

设 R 为点 $ABCDE$ 外接圆的半径，r 为点Ⅰ Ⅱ Ⅲ Ⅳ Ⅴ外接圆的半径；H 为点 S 到 $ABCDE$ 所在平面的距离。

五角星构件尺寸　　　　　　　　　　　　　　　　　　　　　　表 2-1

作品号 \ 作品参数	R（mm）	H（mm）
作品一	30	20
作品二	35	25
作品三	40	30
作品四	45	35
作品五	50	35
作品六	60	40

学习引导

钣金构件手工制作的学习路径：

一、相 关 知 识

(一)画线与下料工艺

1. 画线的基本方法与要求

画线时,应首先确定基准面及基准线,其余的尺寸都要从这条基准线开始。划针的尖端必须紧靠钢直尺或样板,如图 2-2 所示。针尖与钢直尺的底边接触时,应向外倾斜 50°~60°。画线粗细不得超过 0.5mm。

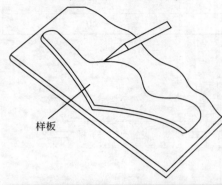

图 2-2 划针的使用方法

2. 打中心孔

剪切下料前,对钻孔标记线应用样冲打上中心孔。打中心孔时,要把冲尖对准中心点,斜着放上去;在锤打时,要把样冲竖直,握牢样冲,用锤轻轻敲击,如图 2-3 所示。

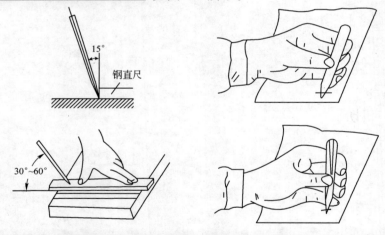

图 2-3 打中心孔

3. 圆弧线的画法

(1)划规开档位置的调整。为了使划规尖脚移取的尺寸准确,应在钢直尺上重复移取几次,这样可以看出误差的大小。如量 10 mm,一次差 0.1mm,往往不容易看出来,若量 5 次后相差 0.5 mm 就能明显地看出来了,如图 2-4 所示。

(2)中心点在工件边缘的画法。如图 2-5 所示,如果圆弧的中心点在工件的边缘上,可借助于辅助支座进行。

(3)中心点在工件之外的画法。如果圆弧中心点在工件之外,可将一块打样冲孔的延长板夹在工件上[图 2-6a)],也可利用工作台来固定中心点。如果中心点与圆弧线不在同一个平面上,可先将可调尖脚划规调为两个尖脚一样长且平行的状态,量取尺寸,然后把1只尖脚伸长(或缩短)来抵消高度差,再去画弧线;否则,画出的弧将过大,如图2-6c)所示。

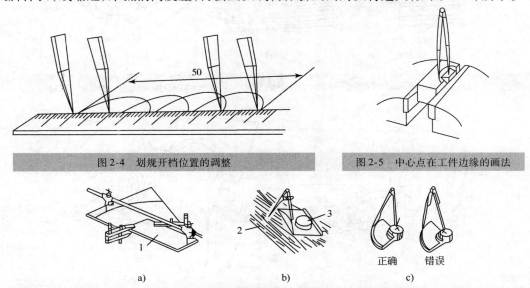

图2-4　划规开档位置的调整

图2-5　中心点在工件边缘的画法

图2-6　中心点在工件之外的画法
1-延长板;2-工作台;3-工件

(4)使用圆规画圆的方法。如图2-7所示,用圆规画圆时,以掌心压住圆规顶端,使规尖扎入金属表面或样冲孔中。画圆周线时,常常正反各画半个圆周线而成一个整圆。

(二)手工剪切基本工艺

1. 直线的剪切方法

如图2-8所示,剪切短料直线时,被剪去的部分一般都放在剪刀的右面。左手拿板料,右手握住剪刀柄的末端。剪切时,剪刀要张开大约2/3刀刃长。两刀刃侧面之间不能有空隙,否则剪下的材料边上会有毛刺。剪切长或宽板材料的长直线时,必须将被剪去的部分放在左面,这样使被剪去的部分容易向上弯曲。

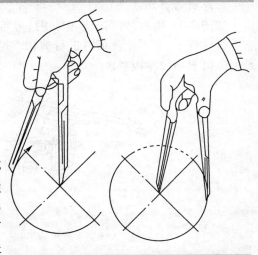

图2-7　圆规画圆的方法

2. 外圆的剪切方法

如图2-9所示,剪切外圆时应从左边下剪,按顺时针方向剪切,边料会随着剪刀的移动而向上卷起。若边料较宽时,可采取剪直线的方法。

3. 内圆的剪切方法

如图2-10所示,剪切内圆时应从右边下剪,按逆时针方向剪切,边料会随着剪刀的移动而向上卷起。

图2-8 直线的剪切方法

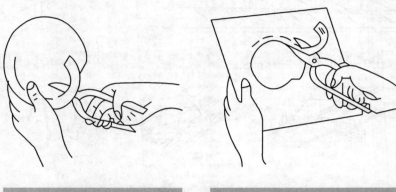

图2-9 外圆的剪切方法　　　图2-10 内圆的剪切方法

4. 厚料的剪切方法

如图2-11所示,剪切较厚板料时,可将剪刀下柄夹在台虎钳上,在上柄套上一根管子,右手握住管子,左手拿住板料进行剪切。也可由两人操作,1人持剪刀和板料,1人敲,这样敲击也可剪切较厚板料。

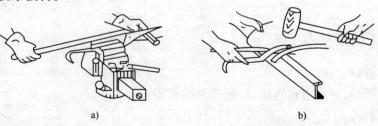

图2-11 厚料的剪切方法
a)在台虎钳上用剪刀剪切厚料;b)用敲击法剪切厚料

(三)钣金件手工制作基本工艺

1. 弯曲

(1)角形弯折。板料角形弯折后出现平直的棱角。弯折前,板料根据零件形状画线下料,并在弯折处画出折弯线,一般折弯线画在折角内侧。

如果零件尺寸不大,折弯作业可在台虎钳上进行。将板料夹持在台虎钳上,使折弯线恰好与钳口衬铁对齐,夹持力度合适。当弯折零件在钳口以上较长或板料较薄时,应用左手压住零件上部,用木锤在靠近弯曲部位轻轻敲打,如图2-12a)所示;如果敲打板料上方,易使板料翘曲变形,如图2-12b)所示。

弯钳口上段较短的操作如图2-13所示。

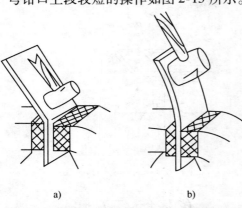

图2-12　弯钳口上段较长的操作
a)正确;b)错误

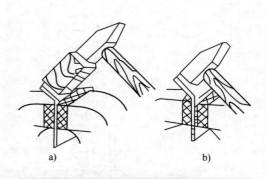

图2-13　弯钳口上段较短的操作
a)正确;b)错误

借助夹持器的操作,如图2-14所示。

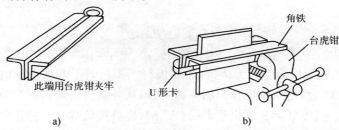

图2-14　用角铁夹持弯直角
a)夹持工具;b)弯曲操作

当弯成各种形状的零件时,可借助木垫或金属垫等作辅助工具。

①弯S形件。其操作顺序如图2-15所示。依画线夹持板料,弯成α角,然后将方衬垫垫入α角,再弯折β角。

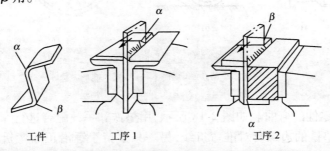

图2-15　弯S形件的程序
工序1-依画线将板料夹入角铁衬里;工序2-将方衬垫放入α角,对准画线夹入角铁衬垫,弯成β角

②弯n形件。如图2-16所示,先弯成α角,再用衬垫弯成β角,最后完成γ角。弯曲封

闭的盒子时,其方法与弯 n 形件大致相同,最后夹在台虎钳上,使缺口朝上,再向内弯折成型。

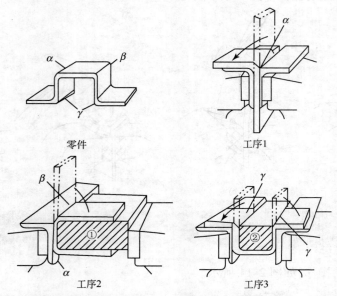

图 2-16 弯 n 形件的程序
工序1-弯成 α 角;工序2-用衬垫①弯成 β 角;工序3-用衬垫②弯成 γ 角

(2)弧形弯曲。以圆柱面弯曲为例,首先在板料上画出若干与弯曲轴线平行的等分线,作为弯曲时的基准线。然后用槽钢作为胎具,将板料从外端向内弯折。当钢板边缘接触时,将对接缝焊接几点。将零件套在圆钢管上敲打成型,再将接缝焊牢。锤击时,应尽量使用木锤,以防板料变形,如图 2-17 所示。

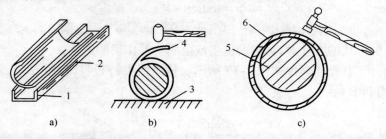

图 2-17 圆柱面的弯曲
a)在槽钢上弯曲;b)在铁砧上弯曲;c)在圆钢上整圆
1-槽钢;2、4、6-坯料;3-铁砧;5-圆钢

(3)复杂形状零件的弯曲。如图 2-18 所示,用垫铁和手锤配合进行弯曲,一只手持垫铁在零件背面垫托,垫铁的边缘要对准弯折线,另一只手持手锤沿正面弯折线处敲击,边敲击边移动垫铁,循序渐进,使零件边缘逐渐形成弯曲。

2.放边

(1)打薄放边。制作凹曲线弯边零件,可用直角角材制作,使其一边缘变薄,面积增大,导致角材弯曲。在打薄放边的过程中,角材底面必须与铁砧表面贴平,[图 2-19a)],否则会产生翘曲现象[图2-19b)];锤击点应均匀并呈放射线状;锤击面积通常占锤击边面积的3/4左右,且不得敲打角材弯角处。锤击时,材料可能会产生冷作硬化现象,应及时退火。另外,应随时用样板或量具检查外形,防止弯曲过大。

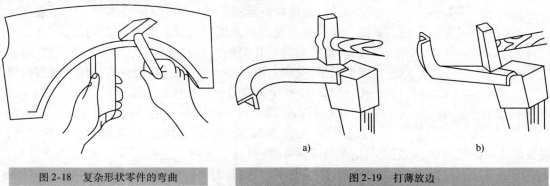

图2-18 复杂形状零件的弯曲

图2-19 打薄放边
a)正确;b)错误

（2）拉薄放边。拉薄放边是用木锤或铁锤将板料一边在木墩上锤放,利用木墩的弹性,使材料伸展拉长。这种方法一般在制作凹曲线弯边零件时采用。为防止裂纹,可事先用此法放展毛料,后弯制弯边,这样交替进行,完成制作。

（3）在型胎上放边。用木锤通过顶木在型胎上锤放板料,使毛料伸展,如图2-20所示。

3. 收边

（1）用折皱钳起皱。如图2-21所示,用折皱钳将角形板料一边边缘起皱收缩,从而迫使另一边弯曲成型。板料在弯曲过程中,起皱一边应随时用木锤锤击皱纹,使材料皱折消失,厚度增大。在敲平过程中,如发现加工硬化现象,应及时退火处理。

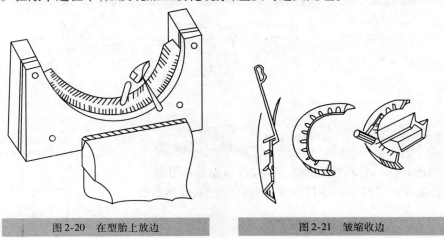

图2-20 在型胎上放边

图2-21 皱缩收边

（2）搂弯收边。如图2-22所示,将坯料夹在型胎上,用铝棒顶住毛坯,用木锤敲打顶住部分,使板料弯曲,逐渐被收缩贴靠胎模。

制作凸曲线弯边的零件,如其强度要求不高,可根据要求的弯度在应该收缩的一面用剪刀剪出若干豁口,然后弯曲板料,再将剪口焊接。

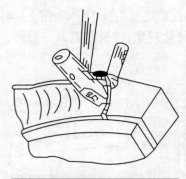

图 2-22 搂弯收边

4. 拔缘

利用收边和放边的方法把板料的边缘弯曲成弯边的方法称为拔缘。拔缘常有两种形式。一种称为外拔缘，即把圆筒形制件的边缘向外延展折弯，其目的是增加刚性。一般在无配合要求的情况下多采用外拔缘。另一种是内拔缘，又称孔拔缘，即将制件上孔洞的边缘延展弯折，其目的是增加刚性，减轻质量，美观光滑。如大客车框板、肋骨等板件上常有拔缘孔。图 2-23 所示为部分板料构件的拔缘情况。

（1）自由拔缘。自由拔缘是利用一般的拔缘工具进行的手工拔缘，如图 2-24 所示。其方法如下：先画出拔缘标记线，将板件靠在砧座边缘，标记线与砧座边缘靠齐，板料锤击部位与座平面形成30°左右的夹角；锤击伸出部分，使之拉伸并向外弯曲，敲击时用力适当，敲击均匀，并随时转动构件。若凸缘要求边宽或角度大时，可适当增加敲击次数。

图 2-23 部分拔缘加工件图例

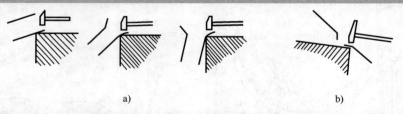

a)   b)

图 2-24 自由拔缘
a) 外拔缘；b) 内拔缘

（2）型胎拔缘。板料在型胎上定位，按型胎拔缘孔进行拔缘，适合制作口径较小的零件拔缘，可一次成型，如图2-25 所示。

5. 拱曲

把较薄的金属板料锤击成凹面形状的零件加工，称为拱曲。其基本原理为：通过锤击板料的中部使其变薄并向外伸展，周边部分起皱收缩，最终完成零件拱曲。

制作图 2-26a) 所示的半球形拱曲零件其过程如

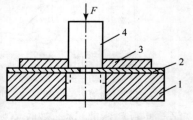

图 2-25 型胎拔缘
1—型胎；2—毛料；3—压板；4—冲头

图 2-26b)~f)所示。操作时需用带凹坑的座,将板料对准凹坑座放置,左手持板料,右手锤击。锤击点由里向外,并根据板料变形情况确定锤击的密度和力量,且锤击过程中不断转动板料。随着曲面的形成,制件周边会出现皱褶,此时应及时将皱褶贴在平座上敲平。对拉伸和收缩的部位轮流反复锤击,即可得到拱曲制件。

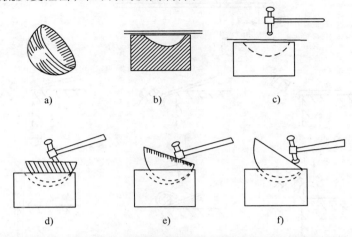

图 2-26 半球形拱曲过程

6. 卷边

(1)卷边的应用。为了增加零件边缘的刚度和强度,使板料制件安全、美观、耐用,将零件边缘卷起来的方法称为卷边。卷边零件如图 2-27 所示。空心卷边是将板料边缘卷成圆筒形;夹丝卷边是在空心卷边内嵌入一根铁丝,以增强刚性。铁丝的尺寸可根据板件的使用要求确定,一般铁丝的直径应为板料厚度的 4~6 倍,包卷铁丝的板料加放宽度大致相当于铁丝直径的 2.5 倍。

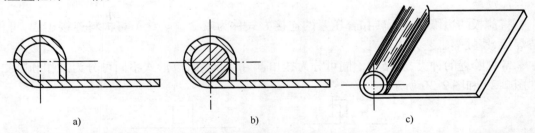

图 2-27 空心卷边和夹丝卷边
a)空心卷边;b)夹丝卷边;c)卷边轴测图

手工空心卷边在卷合过程中应轻而均匀地敲打,避免将卷边打扁。

(2)卷边方法。夹丝卷边的过程(图 2-28)如下:

①在卷边部位画出两条卷边线,如图 2-28a)所示。

②将板料放在平台上,使卷边部分的 $d/2$ 伸出平台,左手压住板料,右手用木锤敲击,使伸出部分向下弯曲成 85°左右。

③将板料慢慢向外伸,随时敲击伸出部分,但不能敲击过猛,直到伸出平台长度为 L_2,此时板料边缘应敲击成如图 2-28d)所示的形状。

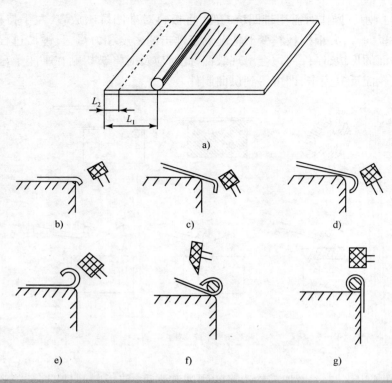

图 2-28 夹丝卷边的过程

④将板料翻转,使卷边朝上,均匀敲打卷边向里扣,使卷边部分逐渐成圆弧形,放入铁丝,一边放,一边扣。

⑤翻转板料,使接口抵住平台缘角,敲击使接口靠紧。

7. 咬缝

将薄板的边缘相互折转扣合压紧的连接方式称为咬缝。咬缝可将板料连接牢固,可代替焊接、铆接等工艺方法。

常见咬缝的种类,就结构不同可分为挂扣、单扣和双扣,以形式不同可分为站扣和卧扣,如图 2-29 和图 2-30 所示。

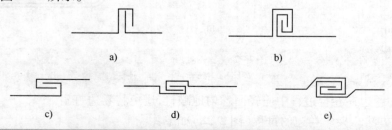

图 2-29 咬缝的种类(一)
a)站扣(半咬);b)站扣(双扣);c)卧扣(单咬);d)卧扣(咬缝);e)卧扣(双扣)

(1)咬缝余量。

①咬缝宽度的确定。以 S 表示咬缝宽度。若板厚在 0.5 mm 以下,则 S 为 3~4 mm;若板厚在 0.5~1 mm,则 S 为 4~6 mm;若板厚在 1 mm 以上时,宜用焊接而不宜用咬接。

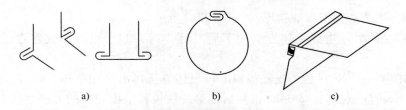

图2-30 咬缝的种类(二)
a)立式管接单扣；b)圆管卧式单扣；c)角式复合扣

②卧接咬口的余量计算。如图2-31a)所示，a 为板Ⅰ的尺寸，a' 为板Ⅱ的尺寸。若 A 处在 S 段的中间，则板Ⅰ和板Ⅱ的余量 δ 相等（$\delta = 1.5S$）；如图2-31b)所示，若 A 处于 S 段的右侧，则板Ⅰ的余量 $\delta = S$，而板Ⅱ的余量 $\delta = 2S$；如图2-31c)所示，若为卧扣整咬且 A 处于 S 段的右侧，则板Ⅰ的余量 $\delta = 2S$，而板Ⅱ的余量 $\delta = 3S$。

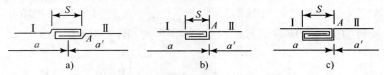

图2-31 卧接咬口的余量

③角接咬口的余量计算。如图2-32所示，当咬口为单角咬口时，板Ⅰ的余量 $\delta = 2S$，板Ⅱ的余量 $\delta = S$，如图2-32a)所示；当咬口为内单角咬口时，板Ⅰ的余量 $\delta = 2S$，板Ⅱ的余量 $\delta = S$，如图2-32b)所示。

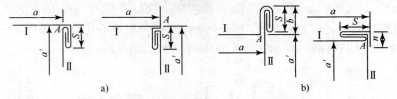

图2-32 角接咬口的余量
a)单角咬口；b)内单角咬口

(2)卧扣单咬的工艺过程。卧扣单咬的工艺过程(图2-33)如下。

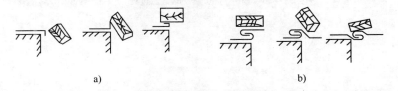

图2-33 卧扣单咬的工艺过程

①按留边尺寸下料，并画出折边线。

②将板料放在方钢上（或角钢上），使弯折线对准方钢（或角钢）的边缘，并将伸出部分按折边线折弯90°。

③翻转板料，使弯边朝上，并伸出台面3mm，敲击弯边顶端，使伸出部分形成与弯边相反

的弯折,将第一次弯边向里敲成钩形,如图2-33a)所示。

④与之相接的另一边照上述方法加工后,将两弯钩扣合、敲击即成卷边,如图2-33b)所示。

(3)卧扣整咬的工艺过程。先在板料上按上述方法作出卧扣单扣,然后向里弯,翻转板料使弯边朝上,再向里扣[图2-34a)],然后在第二块板料上用同样的方法弯折双扣,最后把弯成的扣彼此扣合并压紧即可[图2-34b)]。

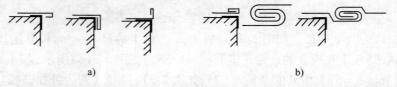

图2-34　卧扣整咬的工艺过程

(4)立扣半咬的工艺过程。如图2-35所示,先在一块板料上作立扣单扣[图2-35a)],然后把另一块板料的边缘弯成直角,最后相互压紧即可[图2-35b)]。

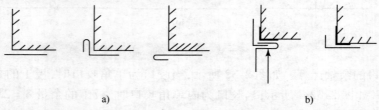

图2-35　立扣半咬的工艺过程

(5)立扣整咬的工艺过程。如图2-36所示,先在一块板料上作双扣[图2-36a)],然后在另一块板料上作单扣,最后互相扣合压紧即可[图2-36b)]。

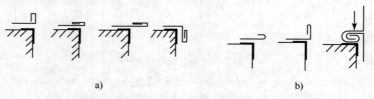

图2-36　立扣整咬的工艺过程

二、任务实施

1. 准备工作

可 4 名同学共用 1 个工作平台(配 4 个台虎钳)。学生每 4 人准备圆规 1 套,钣金锤 1 套,平锉刀 1 套,量具 1 套,画线工具 1 套(包括样冲),木锤及橡胶锤各 1 把,平口錾、平口锤各 1 把,厚度为 1.0mm 的钢板。实训场地准备剪板设备 2~3 套。

2. 读图

读懂钣金构件的施工图,并进行分析,想象出构件各部分在空间的相互位置、形状和大小。

3. 选择放样基准

放样基准是放样时所选择的起点和基准线、基准面等。通常情况下,放样基准一般可以根据下面 3 种类型选择:

(1)以两个相互垂直的线为基准。

(2)以对称中心轴线为基准。

(3)以一个面和一条中心线为基准。

4. 作圆的 5 等分点

以 R 为半径画圆,并求作圆的 5 等分点,5 等分点作法如图 2-37 所示。

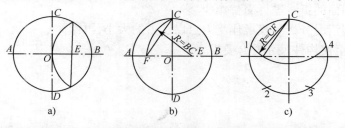

图 2-37　圆的五等分

5. 按给定尺寸 R、H 作出展开图

用尺寸 R 和 H 画出 S 和 A 两点的正面和侧面投影 $s'a'$、$s''a''$,以及 B、C、D 和 E 的正面投影 b'、c'、d' 和 e'。以 s' 为圆心,$s''a''$ 为半径画弧与 $s'a'$、$s'e'$ 延长线相交于点 a'_1、e'_1,取 $a'_1 e'_1$ 的中点 k',然后以 c' 为圆心,$a'_1 k'$ 为半径画弧与 $s'3'$ 延长线相交于 m'、n',再由 n' 求得 n''。以 d'' 为圆心,$d''n''$ 为半径画圆,过 s'' 作该圆的切线与 $a''d''$ 线相交于点 $3''$,由 $3''$ 求得 $3'$,得 $s'3'$ 为所求的 r 长。

用 $s''a''$、$s''3''$ 及 $a'_1 1'$ 便可作出立体五角星的展开图,如图 2-38 所示。

6. 画线与下料

(1)确定 A、B、C、D、E、Ⅰ、Ⅱ、Ⅲ、Ⅳ、Ⅴ 10 个点的位置。

(2)用样冲在 A、B、C、D、E、Ⅰ、Ⅱ、Ⅲ、Ⅳ、Ⅴ 10 个点的位置冲上 ϕ1mm 左右的小孔。

(3)采用划针、钢直尺、角尺画出轮廓线。

(4)采用等离子切割设备沿轮廓线分解。

(5)修整并校平。

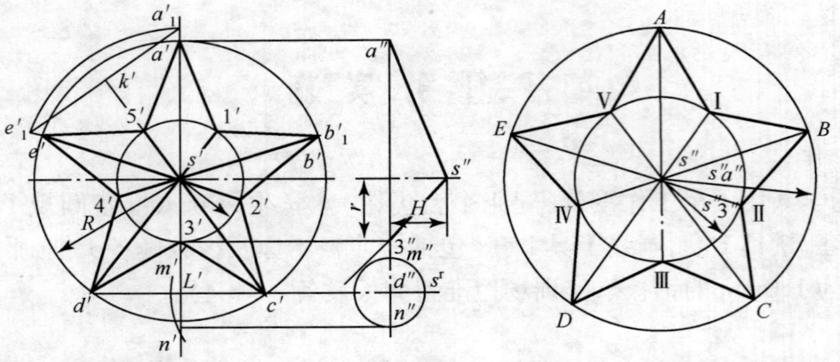

图 2-38 求作五角星的展开图

7. 手工制作成型
(1) 用色笔或划针标出需要折弯的棱线。
(2) 用平口錾子在凹面沿棱线轻轻錾出印痕。
(3) 用台虎钳夹紧,并锤击,必要时用木块衬垫。
(4) 在 V 形铁上用平口錾子或平口锤在凹面锤击成型,根据成型情况及构件的大小选用合适的 V 形槽口。
(5) 锤击→检查→锤击→检查→锤击……
(6) 对正反凹面的折线进行交替作业。
(7) 根据成型情况分析寻找最佳受力点以及力的大小,再操作。
(8) 修整,直至使构件尺寸符合要求。

三、评价反馈

1. 自我评价

(1) 通过本学习任务的学习,你是否已经掌握以下知识:

①画线与下料工具与设备的正确使用。_____
_____
_____。

②手工成型工具与设备的正确使用。_____
_____
_____。

③钣金构件手工制作的画线与下料工艺。_____
_____
_____。

④钣金构件手工制作成型的基本工艺。_____
_____
_____。

(2) 实训过程完成情况。

评价:_____
_____
_____。

(3) 工作着装是否规范?

评价:_____
_____
_____。

(4) 能否积极主动参与工作现场的清洁和整理工作?

评价:_____
_____
_____。

(5) 在完成本学习任务的过程中,你是否主动帮助过其他同学?是否和其他同学探讨学习中的有关问题?具体问题是什么?结果是什么?_____
_____
_____。

(6) 通过本学习任务的学习,你认为哪些方面还有待进一步改善?_____
_____
_____。

签名:_____   ____年____月____日

2. 小组评价

小组评价见表2-2。

小组评价　　　　　　　　　　　　　　　　　　表2-2

序 号	评 价 项 目	评 价 情 况
1	学习态度是否积极主动	
2	是否服从教学安排	
3	是否达到全勤	
4	着装是否符合要求	
5	是否合理规范地使用仪器和设备	
6	是否按照安全和规范的规程操作	
7	是否遵守学习、实训场地的规章制度	
8	是否积极主动地和他人合作、探讨问题	
9	是否能保持学习、实训场地整洁	
10	团结协作情况	

参与评价的同学签名：_____　____年____月____日

3. 教师评价

_____
_____。

教师签名：_____　____年____月____日

学习任务3　车身钢板的锤击法修复

1. 熟悉金属材料的特性；
2. 熟悉车身用钢板的类型与特点；
3. 熟悉金属板件的损坏类型及对应的修复方法；
4. 能够判断钢板的损伤范围；
5. 能够选用合适的方法修复钢板；
6. 能够使用锤击法修复钢板。

一辆轿车受到轻微碰撞，左前翼子板凹陷变形，请汽车钣金维修人员根据维修前台接待提供的维修工单，在汽车钣金维修工位，使用锤击法修复的方法，在规定的工时内，以经济的方式，按照车身维修手册的规范要求，完成车门面板除涂装以外的所有修理工作。

学习引导

车身钢板锤击法修复的学习路径：

一、相 关 知 识

(一)车身修理的工艺流程

目前事故车按照受损程度可分为两种形式:轻微损坏的车辆(即小事故车)和严重损坏的车辆(大事故车)。

轻微损坏的车辆,主要是指车身外板件的变形,所进行的修理工作,主要是对外板或外部安装件进行整形。

严重损坏的车辆,除了车身外部板件的变形外,车身的结构件也发生了弯曲、扭曲等变形,非车身零部件也会有损伤,一般需要上矫正平台才能完成修理工作。

这两种损坏车辆的修理,正是汽车车身维修人员最典型的工作,大致修理工艺流程如图3-1 所示。

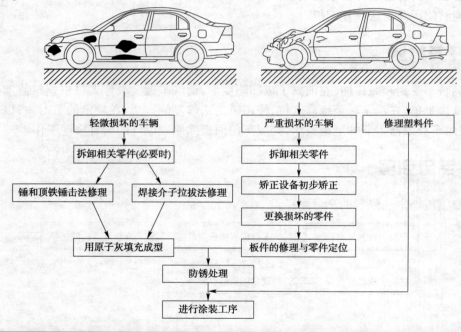

图3-1 车身大致修理工艺流程

(二)钢板的特性

在进行车身维修时,充分了解金属材料的性能,尤其是力学性能(也称机械性能),才能对车身损伤作出正确的诊断和制定合理的钣金维修方案。

对车身维修有较大影响的主要是钢材的力学性能,有三种:弹性、塑性、加工硬化。

1. 弹性

弹性是金属受到外力后能够恢复到原来形状的能力。例如,对发动机罩缓慢地施加一定的压力使它略微凹陷,当外力消失后,它将会恢复到原来的形状。由此可见,金属具有恢复到原来形状的弹性倾向。

金属的弹性有一定的范围,若应力超过此限制范围,金属就会失去弹性而产生永久变形。如图3-2所示,弯曲的金属板将其所加的外力除去后而不能完全地恢复原状态,这是超过了弹性极限。

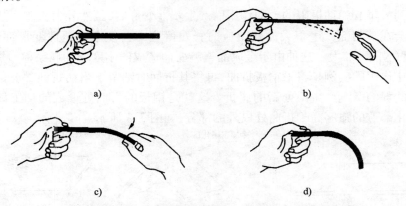

图3-2 钢板的弹性和弹性极限
a)平直钢板;b)施加弯曲力;c)除去弯曲力时反弹力的作用使金属板恢复原状;d)作用力超过弹性极限时则产生永久变形

在进行车身的修理校正操作时,可以利用金属的弹性变形性质。大多数的车身损伤,都以弹性变形的形式存在,它们的变形量主要是受到塑性变形部位的限制,当塑性变形部位的变形量消除后,邻近的弹性变形部位将会回弹到原来的形状。因此,在进行车身维修时,要分辨哪些部位是塑性变形,哪些部位是由于受到塑性变形的禁锢而产生的弹性变形。对于弹性变形部位不应进行过多的矫正,应当首先对塑性变形的部位进行复位矫正,促使大部分的弹性变形回弹。

2. 塑性

金属大都具有可塑性,在车身制造中,多利用金属材料的塑性将板材加工成各种形状以满足安全上和结构上的要求。在车身修理过程中,也是利用钢板的可塑性对板材进行矫正或复位的。

塑性可分为延性及展性两种:延性可使金属拉成细丝;展性可使金属展成薄片。即在超过弹性极限的外力作用下屈服而产生永久变形。图3-3所示为金属的拉伸特性曲线。图中 A 点称为弹性极限,如果施加的载荷低于 A 点,当载荷去除后变形将随之消失,金属恢复原来的形状,这就是弹性变形。当载荷超过 A 点后即使载荷消除,金属的变形也会保留下来,除少许回弹外,金属不能恢复到原来的形状而产生塑性变形。例如,图中从 P 点取消载荷,金属板的延伸量将返回到 E 点,但永久保持变形量 OE。图中的 C 点为该种金属的抗拉强度极限,当载荷高于 C 点时,金属将迅速产生塑性变形直至断裂,图中的 D 点为金属的断裂载荷点,可以看出,当金属受到的载荷超

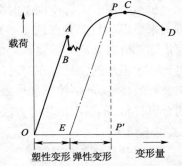

图3-3 金属材料的拉伸特性曲线图

过抗拉强度极限时,再能够承受的力已经非常小了。

当车辆在碰撞过程中受到损伤时,有些部位所承受的应力超过其弹性极限而产生了永久的塑性变形,但其周围的大部分金属只是处于弹性变形状态,由于受到塑性变形的限制而无法回弹。因此,钣金修理的重点应放在塑性变形部位。

3. 加工硬化

金属受到大于其弹性极限的力的作用而产生塑性变形后,虽然外力去除了,但由于金属晶粒的变形会在其内部产生很大的残留应力。残留应力会使金属塑性变形部位的硬度提高,屈服强度(刚度)加大。这种由于金属晶格畸变而造成的刚度增加现象称为加工硬化。

加工硬化作用的实例是将平钢板折曲,再将其折回时则留下当初折曲部分的形状,也会在其最初折曲部的两端产生两处新的屈折。这就是钢板的折曲处形成的加工硬化,其结果是使加工硬化部位的强度高于折曲处以外的部分,如图3-4所示。

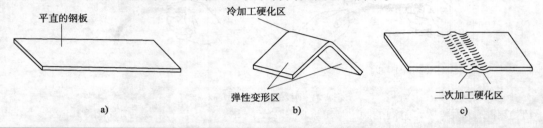

图3-4 加工硬化

a)将平钢板折曲;b)进一步将平钢板折曲;c)将折曲后的钢板向反向折曲时,则留下了当初折曲部分的形状,即加工硬化的部分

加工硬化一方面提高了金属变形部位的刚度,车身板件和构件多以冲压的方式给金属板冲成一定的形状来加强其刚度;但另一方面也使金属的抗拉强度降低,尤其是如果反复加工塑性变形部位,会加速金属的疲劳而产生断裂。在车身钣金维修中必须强调加工硬化作用的重要性,因为它实际上就是造成金属损毁的原因。

未受损伤时的车身板件都有不同程度的加工硬化,碰撞造成的损伤又加重了加工硬化程度,使板件矫正工作困难重重。而对损伤部位的钣金操作更会加重硬化程度,不适当的操作甚至会造成金属的疲劳而产生破坏。因此在进行车身维修矫正工作时一定要注意,要将维修造成的二次损伤控制在最小的范围内,不可造成人为损失。

虽然金属在进行冷加工时会产生加工硬化,给车身的修理带来很大的困难,但以加热的方式来成形(弯曲、伸张或压缩)时会变得比较容易。加热可以促进金属晶格的重新排列,从而消除部分残余应力。将普通低碳钢板加热到650℃左右后让其慢慢冷却,即可使其加工性得到一定程度的恢复。在对已经加工硬化了的金属板件进行加热操作时,一定要注意所加工金属的特性,严格控制加热温度和时间,对于不能加热的金属或允许加热温度低于650℃的金属材料,不能用加热的方法恢复其加工性能,否则将会严重影响其强度,造成更大的损失,得不偿失。

4. 热量转换与热变性

传给钢板的热量有三种转换形式:氧化皮(受热钢板表面的薄氧化层);转换到分子结构;膨胀和收缩。因焊接加工以及磨削加工的摩擦发热时,均会导致钢板发生上述变化。随着钢板所受热量的不断增加,钢板颜色将会变化,直至达到熔点1500℃。钢板受热后颜色与温度的对应关系见表3-1。

钢板受热后颜色与温度的对应关系　　　　表3-1

颜　色	温度(℃)	颜　色	温度(℃)
深红色	600	黄色	1000
红色	700	橙色	1100
粉色	750	白色	1200
淡黄色	900	白亮色	>1250

随着钢板被加热,其塑性越来越高,但当钢板温度超过某一点时,即发生材料硬化脆性变化。因此钢板加工时,应查看相关维修手册,温度不得超过规定值。

(三)车身用钢板

汽车制造使用的钢材主要以板材为主,所用板材的厚度根据车身不同部位强度的需要可不同。其中,车身外部板件常使用0.5~1.2mm厚度的钢板,车架等车身结构件多使用2~5mm厚度的钢板。某些重型车辆的车架使用厚度达8mm的钢板。

车身使用的钢板根据制造方法可以分为冷轧钢板和热轧钢板两类,由于制造过程不同,两类钢板在力学性能上存在很大的差异。

热轧钢板是将钢锭加热至800℃以上的高温情况下轧延后制成的钢板,厚度较大,车用热轧板通常在1.5~8mm。热轧板的表面质量不是很好,其冷加工性能与冷轧板相比要稍差一些,常被使用在外观不需要很美观的部分,主要用于车身上较厚板件的制作,如车架、骨架和梁等构件。

冷轧钢板是热轧钢板再经酸洗处理后在常温下轧延变薄,并进行表面调质处理后的钢板。由于冷轧钢板是在常温下轧制而成,所以它的厚度精度高,表面质量优越,抗拉强度和冷加工性能均较热轧钢板优良,所以大都被使用在汽车车身、机械零件、电器等表面需要平滑美观的构件上,在悬架周围特别容易受到腐蚀的部位,通常采用经过表面处理的冷轧钢板作为防锈钢板。

车身常用的钢板除少数结构件为中碳钢外,绝大多数的钢板为低碳钢。普通低碳钢含碳量低,材质较软,便于冷加工,可以很安全地进行焊接和热收缩,加热对其强度也不会产生很大的影响。但其抗拉强度比较低,容易变形,而且质量大,不利于降低车辆的总体质量。因此现代汽车上还采用了很多高强度钢材来制造车身上需要承受载荷的部件,既提高了车身的总体强度,又有效地降低了车身的总质量。但高强度钢在进行矫正操作时有许多需要注意的地方,如不能过度加热等,因为加热会对其强度造成严重的影响。因此,在进行车身矫正时要熟悉所加工材料的特性,采取合理的方法才能达到良好的维修效果。

另外,为了提高车身总体的抗腐蚀性能,现代汽车上还广泛采用表面处理钢板(主要是镀锌板)等防腐性能优越的材料用于车身上容易发生腐蚀的地方,这些材料在进行维修操作时也有许多需要注意的地方。

1. 高强度钢板

强度可以理解为材料抵抗破坏的能力,刚度则是材料抵抗变形的能力。在材料力学上,材料的强度以其抗拉强度(拉伸应力)来表示,即材料单位面积能够承受的最大的力(单位为 MPa),达到抗拉强度极限时,材料会完全破裂;刚度用材料的屈服强度(屈服应力)表示,即材料产生永久变形时单位面积上所受的最小的力(单位为 MPa),达到屈服强度时,材料会产生永久的变形。

但屈服强度和抗拉强度均很高的钢材其加工性能很差,而且焊接强度很低,因此过去这种钢材在汽车车身上的应用不是很多。近年来,由于材料工业的不断发展,人们通过许多金属加工方法来提高金属的强度,包括金属的热处理、冷轧工艺和给金属加入合金成分等,制造出了很多具有较好的成形性能和焊接性能的高强度薄钢板,很快被应用于车身制造上。

目前,对于高强度钢和超高强度钢,并无统一的定义,有人认为抗拉强度超过 340MPa 的钢称为高强度钢。根据国际上对超轻钢汽车的研究(ULSAB-AVC),把屈服强度小于 210MPa 的钢称为软钢,将屈服强度在 210～550MPa 范围内的钢板称为高强度钢板,屈服强度大于 550MPa 的钢板称为超高强度钢板。根据强化机理的不同又把高强度钢板分为传统高强度钢(High Strength Steel,HSS)和先进高强度钢(Advanced High Strength Steel,AHSS)两类。传统高强度钢种包括:无间隙原子钢(Interstitial-free,IF)、各向同性钢(Isotropic,IS)、烘烤硬化钢(Bake Harden Able,BH)、含磷(P)钢、碳—锰钢(Carbon—Manganese,CMn)、低合金高强度钢(High Strength,Low Alloy,HSLA)。先进高强度钢即是金相组织强化的钢种,包含相变诱导塑性钢(Transformation-induced Plasticity,TRIP)、复相钢(Complex Phase,CP)、马氏体钢(Martensite,Mart)、双相钢(Dual Phase,DP)等。HSS 和 AHSS 之间的主要区别在于其显微组织。AHSS 是多相钢,组织中含有马氏体、贝氏体以及足以产生独特力学性能的残余奥氏体。

目前,普遍应用于车身的高强度钢都是等厚钢板,例如车顶、车门、行李舱盖等部件,要求具有抗变形刚度和抗凹陷性,主要使用抗拉强度为 340～390MPa 的 BH 钢。随着正面碰撞、侧面碰撞的安全性标准的提高,结构件、加强件等主要使用抗拉强度为 590MPa 的高强度钢板,也有些使用抗拉强度为 780MPa 或 980MPa 的钢板。图 3-5 是日本某车型车身使用高强度钢的情况。

2. 表面处理钢板

表面处理钢板即在普通钢板表面进行处理以提高其耐腐蚀的能力,常用于车身上容易发生腐蚀的部位,如悬架周围、车门的门槛下部、油箱和排气系统等。

1) 镀锌板

车身最常用的表面处理钢板是镀锌板,将锌覆于钢板表面的方法有电镀和热浸涂两种,采用热浸涂的方法涂覆的锌层比较厚一些,虽锌层与钢板的附着性略差,但防腐能力很好;采用电镀的方法镀锌,镀层薄,表面质量良好,车身板件常用镀锌板制造。

镀锌板可分为单面处理和双面处理两种。单面处理的镀锌板即只有一面有镀层,另一面是普通钢材;双面处理即两面都有镀层,其中一面镀层薄一些,只有一层,而另一面镀层厚一些,有两层。不同表面处理的板材在使用上有所差异,一般来讲,有镀层的或镀层厚的一面应朝向内,因为里面无法进行防腐处理,只能依靠板材自身的防腐能力;而没有镀层或镀层薄的一面应朝向外,可以在其上进行涂装操作,增强其防腐能力。

镀锌板依靠表面活性较强的金属锌作为保护层,锌先产生氧化物而保护内部的钢板,因此镀锌层在进行车身维修时应尽量保持其完好,不得将锌层磨去,尤其是用于内部的锌层,由于无法再次进行防腐处理,必须保证完好。

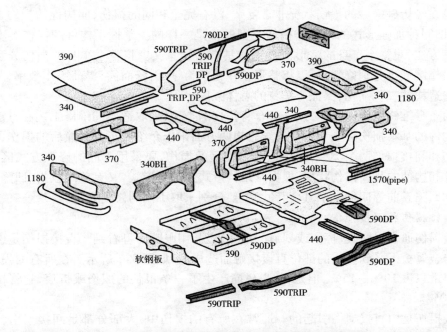

图 3-5　车身使用高强度钢板的情况(日本某车型)

镀锌板在进行焊接操作时要注意,高温会使锌层汽化,汽化的锌具有较强的毒性,因此在对锌板进行焊接时需要做好防护工作,在通风良好的环境下进行。如确有必要,允许将焊接点周围的镀锌层刮去或磨去,但影响面一定要小。

2）镀锡钢板

镀锡钢板是在冷轧钢板表面被覆一层锡铅合金,俗称"马口铁"。由于锡和铅都为软金属,所以其覆层具有良好的润滑性,有利于冲压成形,其焊接性能也非常好。这种软金属的覆层与底材的附着力很强,不会产生剥落,耐蚀性也很好,常用于汽车的油箱等。

3）镀铝钢板

镀铝钢板在高温下的耐腐蚀能力非常强。车辆行驶时,底盘上受到飞溅泥水和排放废气等的影响,使排气管等排气系统的零部件快速腐蚀。在这样的条件下,使用镀铝钢板比一般的镀锌钢板更加稳定耐用,且价格比不锈钢要便宜许多,因此被广泛使用于排气管等排气系统上。

4）不锈钢

不锈钢主要是由铁、铬及含量不同的碳元素合金而成的,此外,还含有少量的锰、磷、硫、硅、镍、钼、铜、铝、氮等重要合金元素。作为合金钢,不锈钢在各种腐蚀环境(无论是大气还是强氧化性液体或气体)下,都具有一定的抗腐蚀能力并保持着一定的力学性能。不锈钢的强度可以比普通钢高50%,高强度质量比及其非凡的抗腐蚀能力,使得不锈钢广泛地用于机械加工及冷成形车身零件。

(四)车身金属板损伤的类型

车身在经历碰撞后的损伤状况非常复杂,没有完全相同的损伤,但构件的损伤也有一定的规律,即同种加强形式的构件其损伤类型通常是一样的。掌握了构件的损伤类型和其科学的修理方法,对整个车身的整形修复工作具有指导意义。将整个车身的损伤分解为若干个小的损伤区域再分别修复,可以将整形工作化整为零、由繁而简,提高工作效率,并有利于减少维修造成的二次损伤,保证全车身的总体强度。

作为车身维修工作人员,必须分辨车身损伤的类型,采取适当的维修工艺和方法。下面就车身构件的基本损伤类型和维修指导思想两方面来作介绍。车身碰撞后的损伤可以分为直接损伤和间接损伤两个类型,对于这两种类型的损伤,要采用不同的修理方式区别对待。对于板件和构件的具体损伤状况,根据其结构形式和加强形式,又有单纯铰折、凹陷铰折、单纯卷曲和凹陷卷曲等四种类型,这四种类型要分别采取不同的修复方法。

1. 直接损伤和间接损伤

直接损伤通常以断裂、擦伤或划痕的形式出现,用眼睛即可看到。直接损伤是引起碰撞的物体与金属板上受到损伤的部位直接接触而造成的,如图3-6所示。在所有的损伤中,直接损伤通常只占10%~15%,但是,如果碰撞产生了一条很长的擦伤或折痕,它将在总的损伤中占80%。

间接损伤是由直接损伤引起的。通常在所有的损伤中,大部分都是间接损伤。大多数碰撞都会同时造成这两种损伤。各种构件所受到的间接损伤没有什么区别。它总是产生同样的弯曲,同样的压缩力。对间接损伤的修理方法也是相同的,只是由于受损伤部位的尺寸、硬度和位置的不同,所用的修理工具有所不同。

汽车上的钢板构件在受到碰撞时,造成的折损加重了加工硬化的程度。但要注意,金属被弯曲后,不一定会出现折损。如果弯曲后,金属能够恢复到原来的形状,则金属没有受到折损。如图3-7所示,图中其他的一些受损部位只是发生弯曲,但没有折损。了解这些部位对于确定采用正确的修理方法起着举足轻重的作用。

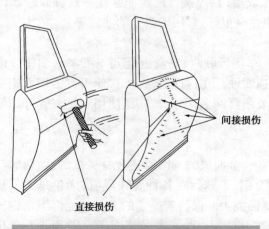

图3-6 直接损伤和间接损伤

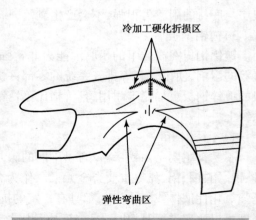

图3-7 典型弯曲中的加工硬化区和弹性弯曲区

2. 折损的类型

折损是金属的弯曲程度超过了其弹性极限的结果,超过弹性极限以后,弯曲的金属将不能恢复其原来的形状。这时如果要将金属弯回到其原来的形状,将会产生新的加工硬化。间接损伤中的折损,主要分为单纯铰折、凹陷铰折、单纯卷曲、凹陷卷曲四类。

1)单纯铰折

单纯铰折的概念很容易理解。它的弯曲过程像一个铰链一样,沿着其整个长度均匀的弯曲,如图3-8所示。从图中可以看出,产生这种变形时,金属上部的表面受到拉力而产生拉伸变形,而下部的表面被推到一起而产生收缩变形。由于上部受到拉伸而下部受到压缩,很显然,在金属的中间有一个未发生变形的区域。采用正确的修理方法可以矫正金属的变形,铰折处可以完全恢复。如果修理方法不正确,将会对邻近的区域和折损处造成新的损伤。单纯铰折总是形成一条"直线"形的折损。

修理单纯铰折的正确方法是沿造成铰折的碰撞力的相反方向施加拉力将铰折大致展平,在保持拉力的情况下,再在铰折部位加工硬化区域沿铰折线用手锤和顶铁做轻敲整形,如图3-9所示。

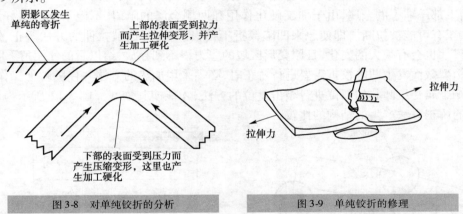

图3-8 对单纯铰折的分析　　　　图3-9 单纯铰折的修理

2)凹陷铰折

以上对单纯铰折的描述是针对实心的金属板而言的。箱形截面上发生弯曲的规律与实心的金属相同。但是两者弯曲的结果有一点不同之处。箱形截面的中心线上没有强度,所以顶部的金属板主要被向下拉而不是受到拉伸。底部的金属板受到两边的挤压而向中间空心部位凹陷,两侧的金属板被向外挤出形成两个"尖"状的突起,如图3-10所示。这种铰折形式称为凹陷铰折。

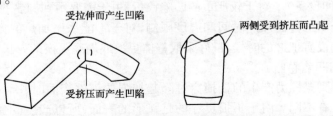

图3-10 凹陷铰折分析

当由破坏力或冲击力而造成的单纯铰折发生扩展,并通过带有加强翻边、边缝、褶皱和箱形截面的车身板件时,导致板件弯曲、折损、凹陷,使整个板件长度尺寸变小,就会形成凹陷铰折。在整体式汽车车身上,有许多结构复杂的箱形截面构件,其中包括箱形结构梁、车门槛板、风窗支柱、中心立柱、车顶梁等。任何被弯成一个角度的金属件都可看作是具有箱形截面。汽车板件中带有大量的隆起和凸缘,这些部位都产生了加工硬化,都被看成是局部的箱形截面,整个翼板可看成是具有局部箱形截面的构件,如图3-11所示。局部箱形截面也会发生凹陷,两者凹陷的结果相同,两者折损的名称也相同,都是凹陷铰折。

在对凹陷铰折进行矫正时情况要比单纯铰折复杂得多,单纯铰折只是矫正单一的钢板,而凹陷铰折需要同时矫正上下左右4个方向的钢板,任何操作不当的地方都有可能造成构件的损坏,使修理工作失败。在矫正凹陷铰折时不能单纯地施加反向拉力,更不能简单地反向弯曲,因为只有上部被拉向中心空心区域的金属板受到的损伤最小,其他3个方向的金属板都有不同程度的压缩,以下面的金属板压缩最为严重。对于高抗拉强度的薄钢板而言,抵抗拉伸变形远比抵抗压缩变形要强得多。不适当的矫正操作,例如简单的反向弯曲或拉伸,会使上部原本没有多大损伤的板件压缩而产生凹陷;两侧的金属仍然受到压缩而不能得到矫正;而下部压缩了的金属,由于加工硬化作用和两侧金属的阻碍,不但不能被很好地拉伸出来,甚至有可能被拉断。即使原来凹陷铰折不是很严重,可以被拉伸的方法矫正,矫正后的长度尺寸也会有很大的变化,且原变形区域的应力得不到释放,给以后的使用留下隐患。

当箱型截面发生凹陷铰折需要进行矫正时,必须采用加热的方法并伴随拉伸操作,用手锤对两侧金属受压凸起的部位进行敲击复位的方法,才能使其恢复。图3-12所示为错误的和正确的矫正方法产生的结构的比较。

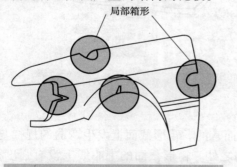

图3-11 局部箱形截面　　图3-12 对凹陷铰折金属构件进行矫正的方法比较

对于凹陷铰折不是很严重的部件,有时可以采用单纯的拉伸矫正并伴随敲击整形来实现(使用专门的拉伸设备)。对于较严重的凹陷铰折,由于需要用到加热的方法进行矫正,需特别注意待矫正金属构件的加热时间和温度限制,对于不能采用加热的方法进行矫正或对加热矫正后的强度没有把握的时候,最好采取整体更换或局部更换的方法来进行修复。

3) 单纯卷曲和凹陷卷曲

当车身板件受到碰撞力产生的折损穿过隆起加强的板件表面时,所发生的折损与前面所述的两种类型又有不同。由于折损贯穿的是弧形的表面,所以产生的变形与凹陷铰折有类似的地方,都是顶面的金属被向下拉产生凹陷,但是因为隆起加强的表面是弧形的,随着折损的扩展,弧面对折损的可抗性就越强,于是在折损的两端尽头出现了非常严重的挤压变形,形成两个像"箭头"样的损伤形状,箭头的尖端和两侧受到挤压而隆起并向下翻卷,箭头的下面受到拉伸而凹陷产生向上的翻卷,这种折损称为凹陷卷曲。箭头的尖端挤压最为严重,具有很强的加工硬化程度,两边形成箭头的隆起部分是受到压缩力和中间塑性变形的桎梏而形成的弹性卷曲变形,在中间尖端部位的塑性变形消失后多半可以很好地回弹,称为单纯卷曲,如图 3-13 所示。

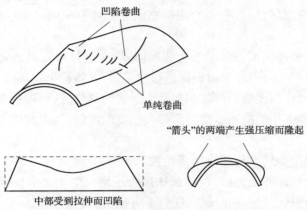

图 3-13　隆起表面产生凹陷卷曲和单纯卷曲

　　凹陷卷曲和单纯卷曲是同时发生在隆起加强表面上的折损,这种双箭头结构是这种铰折的代表形态。车身外部覆盖件都采用隆起加强,所以在见到的车身外部损伤中,凹陷卷曲最为普遍。

　　对于凹陷卷曲部位的矫正比较简单,只要在折损区域沿铰折方向的横向施加一定的拉伸力,促进中间被拉下凹陷的金属部位回弹就可以在很大的程度上恢复其轮廓形状。由于整个折损只有箭头的端部加工硬化程度最高,其他部分都为弹性变形,所以在施加拉伸力使大致轮廓得到恢复后,用手锤和顶铁整理箭头端部的轮廓形状就可以了。对于箭头两侧的单纯卷曲变形,只要箭头端部得到整理,单纯的卷曲就会回弹,基本不用过多的整形操作。

　　4)金属板件损伤的"压缩"与"拉伸"

　　人们经常用"压缩"和"拉伸"来形容金属受损以后的状况,也可用"高点""低点"来描述。金属被推上去的部位称为"压缩区",被拉下的部位称为"拉伸区"。图 3-14 中,A 点处与 B 点处高于原轮廓,被称为"压缩区"或"高点";P 处低于原轮廓,被称为"拉伸区"或"低点"。

　　在任何损坏发生以前,金属的内部就已经存在压缩和拉伸,这是由于构件制造时冲压成需要的形状而形成的,例如,所有隆起的部位都是受到压缩力而形成的塑性变形。但这里所讲的压缩并不是我们讨论金属板件损坏时所提到的压缩。车身碰撞所产生的撞击力沿板件传播时会对板件造成新的压缩,这种压缩力使金属板件向外隆起形成高点(因为金属板多采用向外隆起的加强形式,所以板件在受到挤压时多是向外隆起),这个压缩力才是我们讨论的压缩力。由于部分金属受到挤压而聚集并向上隆起,在其周围的金属则必然受到拉伸,拉伸结果或是使周围金属变薄而产生延展,或是向下凹陷而低于原来的轮廓。所以,在分析金属板件损伤的时候一定要明确板件未受损伤时的轮廓形状,凡高于原轮廓的部位一定是受到压缩的,需要用拉伸力使其展开或是采用敲击的方法使其沉降并展开;凡是低于原轮廓的部位一定是受到拉伸的,需要释放压缩处的金属使其恢复原有形状,对于已经被拉伸延展的金属板有时还要用到收缩工艺促使其恢复。

矫正板件损伤时,分析压缩区和拉伸区与分析损伤类型同样重要,然后根据实际情况确定修理方法和正确使用工具设备。决不可用手锤敲打拉伸区域,也不能对拉伸区域施加拉力,这样会造成更大的损坏;同样也不能用填充的方法修整压缩区,这样会使原本高于原轮廓的部分更加增高。

正确分析构件和板件的损伤有助于合理的修复,在进行修复时还要考虑到损伤的重点部位和次要部位。对损坏面积较大的板件进行修复时,要将整个损坏进行划分,区别出损伤严重的部位,即加工硬化程度高的部位和塑性变形大的部位,这些部位是修复的重点。重点区域得到修复后,次要部位的损伤也会得到很大程度的缓解,因而减少工作量并避免了维修造成的二次损伤。

先要确定受损部位受到的是被拉伸还是被压缩,然后才可确定修理的方法和使用的工具。决不可用手锤敲打拉伸区,也不可用顶铁敲打压缩区的内侧。要根据压力的方向来决定需要施加的力。当损伤部位存在压缩区时,不可使用塑料填充剂。

各种金属板的隆起程度有所不同。隆起很高的金属板称为"高隆起",而接近平坦的金属板称为"低隆起"。汽车外部面板上的隆起有三种类型,即单向隆起(图3-13)、复合隆起(图3-14)和双向隆起(图3-15)。

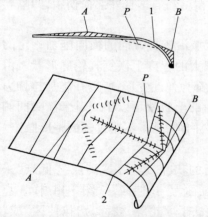

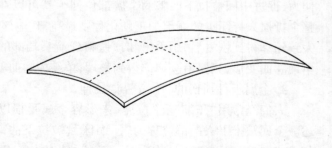

图3-14 复合隆起板件损坏后的修整
P-作用力的作用点;A-低隆起区域的凹陷卷曲尖端;B-高隆起区域的凹陷卷曲尖端;1-碰撞力的方向;2-高隆起和低隆起的交汇处

图3-15 双向隆起的金属板

图3-14所示为复合隆起加强的板件,作用力P作用的点位于高隆起和低隆起交汇的区域,形成了一个很大的凹陷卷曲折损区域。由于高隆起部位抵抗变形的能力远高于低隆起部位,所以它产生的变形量要小得多,而低隆起部位抵抗变形的能力差,所以变形量大且面积也很大。在对这类损坏进行修复时,哪里是修理的重点区域呢?很显然是PB段,因为这一段加工硬化程度高,对整个折损的限制力也大,当这一段得到恢复时,PA段的大部分变形

已经得到恢复,只要对 A 点周围区域进行简单的修整即可使整个板件的轮廓得到恢复。如果认为 PA 段是整个损伤中区域较大的部位而首先进行整理,那么在整理到 PB 段时,由于进入到高隆起区域,维修造成的二次变形会使已经得到修整的低隆起部位又产生新的变形损坏。

(五)车身钢板的锤击法修复

目前车身钢板常用的修理方法大致有三种:手锤和顶铁配合的锤击法、焊接介子拉拔法、收缩法,每种方法的适用区域见表3-2。

钢板修复的方法及使用区域　　　表3-2

修理方法	手锤和顶铁配合的锤击法	焊接介子拉拔法	收缩法
适用损伤区域	内侧可触及部位	内侧不可触及部位	刚性减弱部位
范例	前翼子板;后翼子板后段;后下围板;车顶钢板中段;发动机罩和行李舱盖	后翼子板轮弧部位;前后车门;车门槛板;前柱、中柱、后柱;车顶钢板的前侧、后侧及两侧;发动机罩和行李舱盖	延展的钢板;过度使用对位敲击作业的钢板

1. 敲击原理

假如,将一块平钢板置于底座上敲击,则钢板的两端将会向两边翘曲,如图3-16所示。若手锤表面的圆弧度大,此种翘曲的现象会越明显。从敲击后的钢板可以了解到表面圆弧度大的手锤在敲击后会产生较明显的凹陷和较深的凹痕,所以钢板表面会朝着凹痕的方向延伸和翘曲;反之,表面圆弧度较小的手锤在敲击后产生的凹痕较小甚没有凹陷。所以修理钢板时,通常使用表面圆弧度较小的手锤。

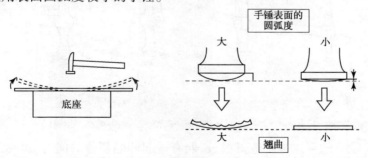

图3-16　敲击原理

2. 工具的选择和使用

工具包括一些人们非常熟悉的普通金属加工工具和专门用于汽车车身修理的专用工具,其中,钣金修复最为常用的工具是手锤和顶铁以及专用于特殊场合的各种匙形铁等。

1)手锤

钣金修理时要用到很多不同的锤,不少是专门为金属成形作业而制成特殊形状的。从各种锤在钣金作业中的用途分,基本可以分为初整形锤、车身钣金锤和精修锤等几类。

初整形锤质量比较大,主要用于矫正弯曲的基础构件、修平重规格部件和在未开始使用车身钣金锤和顶铁作业之前的粗成形工作。一般初整形锤的质量多在 500~2500g,锤面较大而且较平,适合于较大面积的修整。初整形锤的材质主要有铁质、橡胶和木质等,如图 3-17 所示。铁质的初整形锤是复原损毁的较重金属构件必须的工具,质量较大且配以较短的把柄,能够在比较紧凑的地方使用。橡胶锤和木锤由于质地较软,多用于柔和地敲击较薄的钢板,不会引起表面的进一步损坏,适用于薄钢板上较大面积的损伤初步修复。有些木锤的形状被制造成锥台形,大头为纯木质,作用与橡胶锤相同,小头为木质的锤芯外包铁箍,由于接触面积较小且质量小,也适用于金属薄板的精整形。

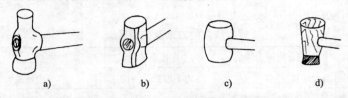

图 3-17 初整形锤
a)球头锤;b)铁锤;c)橡胶锤;d)带有铁箍的木锤

车身钣金锤是连续敲打钣金件恢复其形状的基本工具,用于初步整形之后的精整形阶段。它有许多种不同的设计,头部有扁头、尖头、圆头等多种,各有专门的用途;锤底部基本都是圆形且底部中央凸起而四周略低,这样有利于将力量集中于高点或隆起变形波峰的顶端。车身钣金锤的质量要比初整形锤小很多,多在 300~500g,这样的质量有利于进行精度较高的整形修复工作,同时对周围的二次损伤也较小。图 3-18 所示为常用的几种车身钣金锤。

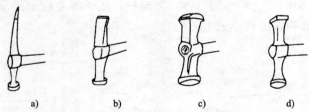

图 3-18 车身钣金锤
a)尖头锤(撬镐);b)扁头锤;c)球头弧面锤;d)普通钣金锤

尖头锤的尖端有的可以被制造得很长,兼有撬起凹陷部位的能力,也称为撬镐,其主要用途是利用尖端对小的凸起部分进行修平,并可以利用长长的尖部进行撬起整形;扁头锤的扁头对于制筋等部位的轮廓修整非常有用,常用来修整板件上的制筋轮廓边缘;球头弧面锤的球头曲率较大,适用于很多高隆起加强的板件的内部;常用的上方下圆钣金锤,方头端接触面积较大,可以进行大面积整形,圆头端接触面积较小,多用于小范围的精整形操作。

精修锤与车身钣金锤在形状上没有太大的区别,只是质量上更小一些,适用于精度较高部位的修整。

2)顶铁和匙形铁

顶铁是配合手锤进行钣金整形的常用工具,它的作用相当于一个小的铁砧,用手握持顶在需要用手锤敲击的金属背面。用锤和顶铁一起作业,使高起的部位下降,使凹陷的部位提升。顶铁有许多不同的形状,各个面的曲率也不同,分别用于特定的凹陷形式和车身板件的外形。图3-19所示为常用的顶铁。

图3-19 常用的各种顶铁
a)万能顶铁;b)护板顶铁;c)足尖形顶铁;d)足跟形顶铁;e)楔形顶铁

在选用顶铁时,顶铁使用面的曲率与面板外形的配合非常重要,假如在高隆起的表面使用了低曲率的顶铁,在加工中会造成更大的凹陷。所以在选用顶铁时要把握一定的原则,即使用隆起弧面略高于需要修整的板件隆起弧面的顶铁,随着板件的修整其外观逐渐得到恢复,要不断调整和更换不同隆起弧面的顶铁。如图3-20所示,顶铁平面端不可置于钢板的弧度面,因为顶铁的尖端将使钢板面留下伤痕,一般建议顶铁表面的圆弧度约为钢板原始弧度的80%。

图3-19所示的各种顶铁中,万能顶铁有许多不同隆起的弧面,基本上可以适应各种隆起表面的板件,因此称为万能顶铁,但由于体积较大,在有些修理空间不够大的情况下无法得到施展,因此还要许多不同薄厚和形状的顶铁配合,足尖状顶铁和足根状顶铁比较薄,适合于加工空间较小的位置使用;楔形顶铁有一个尖锐的扁平头,在车门外板内侧等许多窄小的缝隙内使用非常有效;护板顶铁主要的使用面是其高高隆起的部位和前端较为平坦的区域,如翼子板背部等高隆起区域。

匙形铁(图3-21,又称修平刀)是另一种钣金修理工具,它有时可以用来当锤使用,利用其宽大的平面将变形较大的薄板类构件拍平;有时可以当作顶铁使用,垫在需要整形的金属板背面,正面用轻整形锤敲击恢复板件形状;更多的时候是用匙形铁深入到用手不能触及的地方撬起凹陷的金属,所以,匙形铁又称撬板或拍板。

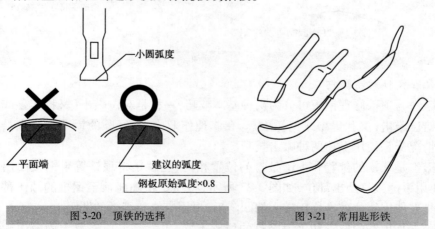

图3-20 顶铁的选择　　图3-21 常用匙形铁

在选用匙形铁时,与选用顶铁一样,都要考虑到需要修整的表面的形状。平直表面的匙形铁可以将敲击力均匀分布到其宽大的表面上,在皱褶和隆起部位非常有用,通常将匙形铁

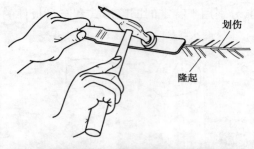

图 3-22 用锤和匙形铁修整划伤部位

垫在需要修整的表面上,然后用锤敲击匙形铁来修复褶皱较大且板件厚度较小的部位,如图 3-22 所示。

3. 手锤和顶铁的握持方式

手锤和顶铁的握持方式如图 3-23 和图 3-24 所示,锤击方式如图 3-25 所示。正确握持和敲击将在钢板表面留下平整的记号,否则会留下不均匀的记号,如图 3-26 所示。敲击时,不要猛烈,因为很少的几次猛烈敲击对金属造成的延展比多次轻微敲击对金属造成的延展还要多。在敲打板件时,一个有经验的修理工每分钟内施行 100~120 次的轻微敲击。

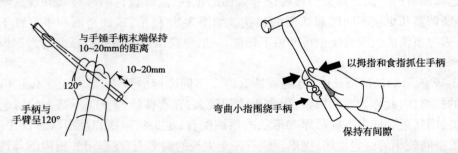

图 3-23 钣金锤的握持

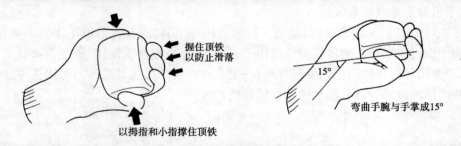

图 3-24 顶铁的握持

4. 手锤和顶铁敲击技巧

使用手锤与顶铁修理钢板可分为两种基本技巧:一种是对位敲击(又称实敲或正托法),另一种是错位敲击(又称虚敲或偏托法)。在修理作业中,有经验的钣金维修人员会根据钢板的损伤情况交替使用上述两种敲击技巧。

对位敲击是顶铁的位置和手锤敲打的位置相同,也就是将顶铁置于钢板凸出部位的内侧,然后使用手锤敲打凸出部位,如图 3-27 所示,将顶铁正确地顶至钢板的凸出部位。一般对位敲击是在使用错位敲击修正较大的凹陷后,再用来修整细微的凹陷。

错位敲击是顶铁的位置和手锤敲打的位置不同,也就是将顶铁置于钢板内侧较低的部位,而以手锤敲打钢板外侧较高的部位。假如敲击凸出部位时没有用顶铁顶住,则敲击时钢板会因为本身的弹性引起反弹,而不易将凸出部位敲下去,此时若将顶铁置于钢板内侧,如

图 3-28 所示,则敲击时钢板的反弹会受到限制,而能够将凸出部位敲下去。所以错位敲击通常使用于修理大区域的凹陷。

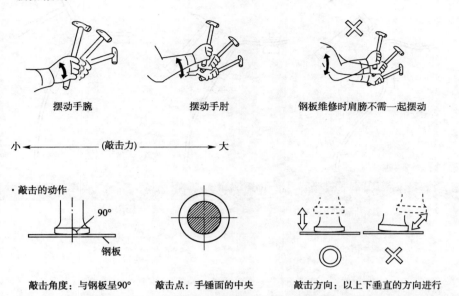

图 3-25 锤击方式

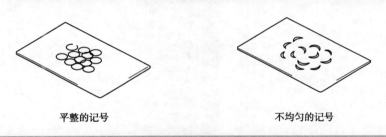

图 3-26 敲击后钢板表面留下的记号

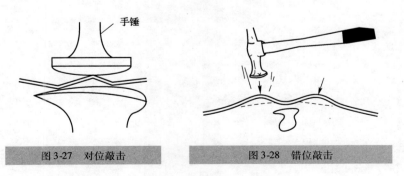

图 3-27 对位敲击　　图 3-28 错位敲击

5. 手锤和顶铁作业修复钢板的基本方法

根据前面的分析,钢板损伤有弹性变形和塑性变形,塑性变形才是真正的损伤,如果不注意区分,对弹性变形进行了锤击等作业,会造成钢板新的损伤,影响了钢板的修理质量。

所以应先修理尖利曲面塑性变形,再修理微小曲面塑性变形。修理大面积凹陷的基本步骤如图 3-29 所示。最后小凹陷采用对位敲击成形,如图 3-27 所示。

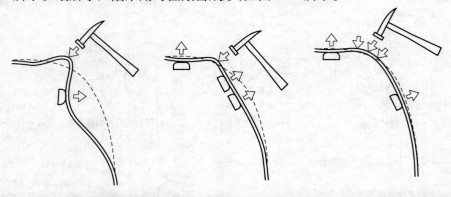

图 3-29　修理大面积凹陷的基本步骤

二、任务实施

车身钢板的轻微损坏,可按照下列步骤对其进行修理。

1. 施工前的准备

1)安全防护

准备并穿戴好劳动保护用品,包括工作帽、工作服、安全鞋、护目镜、口罩、棉手套、皮手套。

检查用电设备的线路及连接是否正常,尤其注意电线的胶皮是否老化致使金属导线裸露、应该搭铁的设备是否接有地线。

2)工具材料准备

准备好工具和材料:钢直尺、手锤、顶铁及匙形铁、单作用打磨机、有凹陷的前翼子板若干、砂纸、车身防锈剂等。

2. 判断损伤范围

判断损伤范围的方法一般可分为三种:目视判断、用手触摸判断、用钢直尺判断。

(1)目视判断是利用钢板上折射的光线来判断损伤范围和变形的程度,判断方法如图3-30所示。在此阶段检测操作区域和周围的零件是非常重要的,因为一旦实施修理之后,将很难判断正确的损伤区域。而且,若没有修理到真正的损伤区域,将造成喷涂面不平整。

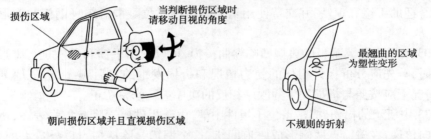

图3-30 目视判断

(2)用手触目判断。从各个方向触目损伤区域,不要施加任何力量于手上,并且要专心注意手的感觉。为了正确判断小的凹陷,手掌必须覆盖大的面积,也包括未受损的区域。判断方法如图3-31所示。

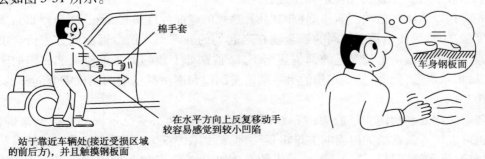

图3-31 用手触目判断

(3) 用钢直尺判断。先将钢直尺置于未受损的钢板面,检测钢直尺与钢板面的间隙;再将钢直尺置于受损的区域,以判断受损与未受损区域间隙间的差异。判断方法如图 3-32 所示。相对于其他方法而言,该方法更能定量地去判断损伤区域的损伤程度。

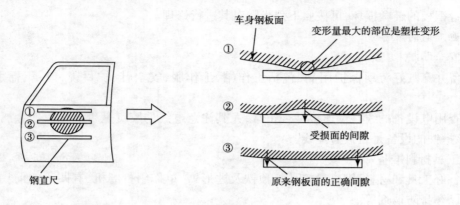

图 3-32 用钢直尺判断

(4) 综合运用这三种损伤判断方法,判断出前翼子板的损伤范围,并用彩色水笔画出损伤与未损伤的分界线。

3. 用手锤和顶铁进行捶击修复

选择合适的手锤和顶铁、并交替使用错位敲击和对位敲击对车身钢板的变形区域进行整形。

图 3-33 所示为前翼子板的典型凹陷卷曲折损,可以使用手锤和顶铁进行整形修复。在进行修复时,首先应分析板件损伤的受力情况和折损发生的先后顺序,辩证地进行矫正修复,一般情况下应按照与折损发生的顺序相反的次序进行修整矫正。

图 3-33 中所示的损伤,撞击点位于板件中部,由于板件属于隆起加强表面,所以碰撞力沿隆起方向传递,在碰撞点两侧形成一道凹槽,这个凹槽是除碰撞点以外最大的变形区域。随着凹槽向外的扩展,隆起加强对碰撞力的抵抗也越来越强,最终在凹槽的两端形成新的压缩隆起(箭头),箭头的两侧为单纯卷曲变形,凹槽部位实际上是弹性变形区域。

分析了具体情况后可以确定,这处损伤应首先从折损的外端压平,逐渐向中心处(碰撞点)接近,按照与发生损伤相反的顺序进行。

先将顶铁紧压在槽端部箭头部位的内面,这里的弯曲程度最轻,但压缩最严重且加工硬化程度最高,然后使用平工作面的钣金锤在隆起处的外端离顶铁最近的地方进行轻度到中度的错位敲击。敲击迫使隆起的部位逐渐下降,顶铁处上顶的力量迫使端部凹陷的金属向上抬升,形状逐渐得到恢复。在槽的另一端箭头部位和箭头部位的两侧也重复同样的过程,如图 3-33b) 所示。

随着隆起处和槽内变形应力的释放,周围的弹性金属必然会返回到它们原来的位置。同时也可以用顶铁在槽的内面向上敲击促使回弹,如图 3-33c) 所示。当折损处的形状基本恢复以后,再用铁锤与顶铁进行对位敲击的方法加以整平(注意不要引起过多的金属延展),操作顺序如图 3-33d)、e) 所示。

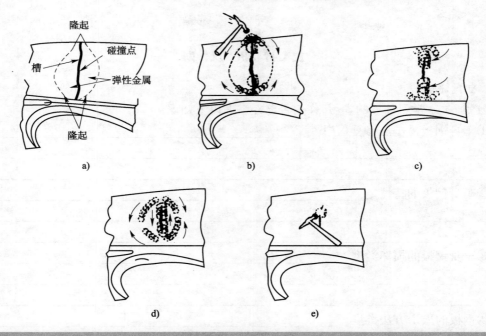

图 3-33 前翼子板典型损伤的锤击法修复步骤
a)典型凹陷卷曲折损；b)顶铁紧压，错位敲击；c)顶铁敲击促使回弹；d)、e)顶铁与手锤的对位敲击

4. 钢板收缩

用手触摸已经整形的部位，判断哪些地方是高点、哪些部位钢板整形后变薄了，然后使用车身外形修复机（介子机）对钢板的高点进行收缩。如果没有比较明显的高点，此步可省略。具体的收缩方法参见学习任务4。

5. 背面防锈处理

使用手锤和顶铁实施修理时，可能会使钢板背面漆层龟裂或脱落，因此必须在钢板的背面喷涂防锈的底漆，防止其腐蚀。

6. 检查维修质量

按照步骤2判断损伤范围的方法重新对维修后的钢板进行质量评估，要求如下：为了保证钢板的修理质量，原子灰的厚度应不超过2mm，这就要求在对外部钢板修复时，应最大程度地使其接近原始形状和状态。同时还需保证钢板具有一定的强度，并且没有高点（即压缩区）。

三、评价反馈

1. 自我评价

(1) 通过本学习任务的学习,你是否已经掌握以下知识:

①车身钢板锤击法修复程序。_____
_____
_____。

②车身钢板的特性。_____
_____
_____。

③车身钢板的损坏类型。_____
_____
_____。

④钢板的敲击方法类型。_____
_____
_____。

(2) 在施工过程中用到了哪些设备?你是否已经掌握了这些设备的正确操作技能?
_____
_____
_____。

(3) 实训过程完成情况。
评价:_____
_____
_____。

(4) 安全防护是否规范?
评价:_____
_____
_____。

(5) 能否积极主动参与工作现场的清洁和整理工作?
评价:_____
_____
_____。

(6) 在完成本学习任务的过程中,你是否主动帮助过其他同学?并和其他同学探讨学习中的有关问题?具体问题是什么?结果是什么?_____
_____
_____。

(7)通过本学习任务的学习,你认为哪些方面还有待进一步改善?_____
_____
_____。

　　　　　　　　　　　签名:_____　____年____月____日

2. 小组评价

小组评价见表3-3。

小 组 评 价　　　　　　　　　　表3-3

序号	评 价 项 目	评 价 情 况
1	学习态度是否积极主动	
2	是否服从教学安排	
3	是否达到全勤	
4	着装是否符合要求	
5	是否合理规范地使用仪器和设备	
6	是否按照安全和规范的规程操作	
7	是否遵守学习、实训场地的规章制度	
8	是否积极主动地和他人合作、探讨问题	
9	是否能保持学习、实训场地整洁	
10	团结协作情况	

　　　　　参与评价的同学签名:_____　____年____月____日

3. 教师评价

_____
_____。

　　　　　　　　　教师签名:_____　____年____月____日

学习任务4　车身钢板的拉拔法修复

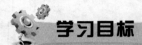

1. 熟悉拉拔法修复钢板的原理和方法；
2. 熟悉钢板收缩的原理和方法；
3. 熟悉钢质车门面板修理的流程和方法；
4. 能够用拉拔法修复钢板。

一辆轿车受到轻微碰撞，一侧车门面板凹陷变形，请汽车钣金维修人员根据维修前台接待提供的维修工单，在汽车钣金维修工位，使用拉拔法修复的方法，在规定的工时内，以经济的方式，按照车身维修手册的规范要求，完成车门面板除涂装以外的所有修理工作。

学习引导

车身钢板的拉拔法修复的学习路径：

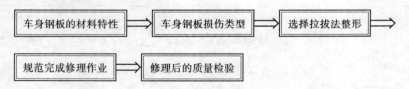

一、相 关 知 识

(一)拉拔法修复钢板的原理和方法

1. 拉拔法修复钢板的原理

由于现代车身的结构日趋复杂,许多车身板都由于受到焊接在一起的内部板件和车窗等结构的限制而难以触及到它们的内部;或是因为损伤比较轻微且只局限于金属外板,内板没有损坏,如果拆卸内板或拆卸相关构件,对于车身维修来讲工作量会无形之中加大很多,生产效率大大降低。因此车身维修中还使用另一种方法专门用于上述的情况,即将凹陷的金属用拉拔的方法抬高,在拉拔的同时,用钣金锤对高点进行敲击。这种方法类似于手锤和顶铁的错位敲击,如图4-1所示。

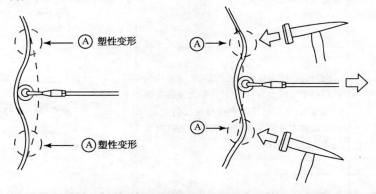

图4-1　拉拔法修复钢板的原理

2. 焊接介子的原理

采用拉拔法修复钢板需要在钢板表面焊接用于拉出的介子,如图4-2所示,垫圈焊接机为电阻焊的一种,其原理是利用夹于电极上的垫圈和钢板接触,再通以大电流,使其产生电阻热而将垫圈焊接于钢板上。在图4-2所示的回路中,电阻最大的部位位于垫圈和钢板的接触部位。当电流通过电阻最大部位时,因为高电阻消耗电能而产生高热能。

现在有很多车身维修设备制造厂商针对车身板件的拉拔操作设计、开发、制造了多功能的车身整形机,俗称介子机,集焊接介子(供拉拔用的介质)、拉拽操作、单面点焊、电加热收火等功能于一体,给车身的整形带来了方便。车身整形机可以焊接的拉拔介子有很多,常用的有普通垫圈、小螺钉和销钉等,可以根据惯性锤的头部结构更换。车身整形机的详细使用及注意事项请参见相应设备的说明书。

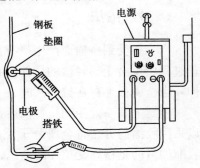

图4-2　焊接垫圈

3. 拉拔的方法

将凹陷的金属拉拔出来的方法有很多,常用拉拔的方法,可以分为四种,见表4-1。

拉 拔 的 方 法   表 4-1

方　法	说　明	图　例
使用手拉拔器拉拔	使用手拉拔器拉拔焊接垫圈，然后用手锤敲击钢板凸起部位。此种方法使用于修理小的凹陷部位	
使用滑动锤拉拔	利用滑动锤的冲击力拉出焊接的垫圈来修理凹陷。此种方法用来作粗拉拔和在钢板强度高的部位修理凹陷	
使用拉塔拉拔	此种方法用于修理大的凹陷，将众多的垫圈焊接于钢板上，并且用较大的力量将垫圈一起拉出；此外链条能够维持拉拔的力量，所以修理人员的双手能够空出来去执行其他作业，如敲击作业	
使用具有焊接极头的滑动锤拉拔	此种工具为一种包含有焊接极头的滑动锤，此种工具的极头可焊接于钢板上，并将钢板拉出。使用此工具时，必须将焊接机的正极头接于滑动锤的后侧	

（二）收缩法

当金属受到碰撞而产生严重损坏时，在严重折损处通常会受到拉伸。同样的部位在矫正过程中也会受到轻微的拉伸。在直接损坏部位的隆起处、槽和折损处的金属容易受到拉伸。当金属板上存在拉伸区时，一定要将拉伸区矫正到原来的形状。

金属上某一处受到拉伸以后，金属的晶粒将互相远离，金属板变薄并发生加工硬化。可以采用收缩的方法将金属分子拉回到其原来的位置上，使金属恢复到应有的形状和厚度。收缩的目的是移动受拉伸的金属，但不影响周围的未受损伤的弹性金属。

在进行任何收缩以前，必须尽量将损坏部位矫正到原来的形状。然后，车身修理人员才可以准确地判断出损坏的部位是否存在受到拉伸的金属，如果存在，就要进行收缩。

1. 收缩锤和收缩顶铁的应用

用图4-3所示的专用收缩锤和收缩顶铁,在膨胀隆起部位进行类似于敲平的锤击操作。为了适应车身覆盖件的形状,收缩锤与收缩顶铁的端面也有几种形状变化供实际操作时选用。

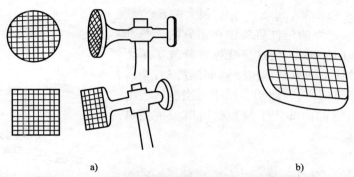

图 4-3 收缩锤和收缩顶铁
a)收缩锤;b)收缩顶铁

操作时,不允许将收缩锤与收缩顶铁同时使用,而应视实际情形交替使用。用收缩锤(内侧选普通顶铁)或收缩顶铁(外侧选平锤)对板料锤击的过程中,收缩锤或收缩顶铁端面上的花纹,能使被锤击的金属随之发生微小的多曲变形,由此将板件表面拉紧、收缩,凸起变形也将随之被消除。

此外还可以通过起褶法来处理拉伸金属,它是手锤和顶铁在拉伸变形部位做出来的一些褶皱。操作时使手锤和顶铁错位,用尖锤轻敲使拉伸部位起褶。起褶的地方会比其他部位略低,要用塑料填充剂填满后,再用锉刀或砂纸将这一部分打磨得和板的其他部分齐平。

注意:只能在无法使用后面介绍的加热法收缩时才通过起褶的方法来收缩金属。

2. 热收缩法

1)热收缩原理

用热法收缩可以获得比冷作法大得多的收缩延展量,更适合膨胀程度大、拉紧状态严重的变形。热收缩的原理如图4-4所示。加热时,钢棒试图膨胀[图4-4a)],但是由于它的两端都无法膨胀,在钢棒内部便产生了一个很大的压力载荷;当温度进一步升高时,钢棒达到炽热状态并开始变软,压力载荷集中在赤热部位并随着赤热部位直径的增大而释放[图4-4b)];如果钢棒被骤然冷却,便会产生收缩。同时,由于赤热部位直径的增大,会使钢棒的长度缩短,如图4-4c)所示。

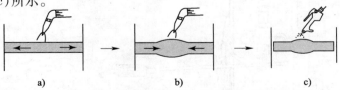

图 4-4 热收缩原理
a)对两端受到刚性限制的金属棒加热;b)压缩力使加热变软的金属收缩;c)加热去除后原加热部位断面增大,钢棒长度缩短

上面有关钢棒收缩的原理也适用于金属板上变形部位的收缩。将变形区中心的一小块地方加热至暗红色,随着温度的升高,钢板的受热处开始隆起并试图向受热范围以外的地方膨胀。由于受热范围以外的金属既冷又硬,钢板无法膨胀,所以产生了很大的压力载荷;这时继续加热,金属的延伸将集中在柔软的赤热部位,这里的金属被向外锥出,使这里变厚并释放了压力载荷;将处于这种状态的赤热部位受到骤然冷却,金属将会收缩,与加热前相比,表面积会减小。当金属板由于冷却而收缩时,它的内部产生拉力载荷以抵抗加热时形成的压力载荷。

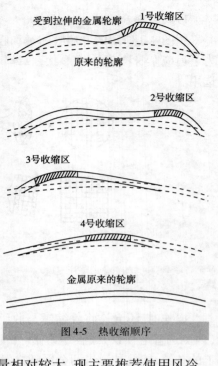

图4-5 热收缩顺序

2)热收缩顺序

先让延伸区的最高点收缩,然后再让下一个最高点收缩。依此类推,直到使整个部位均收缩到原来的形状,如图4-5所示。

3)冷却方式

冷却方式有风冷和水冷之分。风冷的冷却速度稍慢,故收缩量比水冷要小一些;水冷为急冷,金属的收缩量相对较大,现主要推荐使用风冷。

4)加热方法

加热方法有用氧乙炔火焰加热和电加热两种方法,因火焰加热会由于金属的热传导作用而破坏周围的涂层;温度高对周围构件的热辐射也大,甚至需要拆除部分构件后才能施工。所以钣金作业中应尽量避免用火焰法收缩。因此利用车身整形机的接触电阻生热的收火方法也得到了广泛的应用。

电加热收火是车身整形机的常用功能之一,其工作原理也是利用导电介质与钢板接触时产生的电阻热来加热钢板的。电加热采用的导电介质有铜极和碳棒两种(图4-6),铜极有一个圆球头,端部接触面积较小,直径通常为5~8mm,适合于较小的点的收缩操作;碳棒的直径以8~10mm居多,使用时需要将端部磨削成较尖锐的圆头,在钢板上划圆来控制加

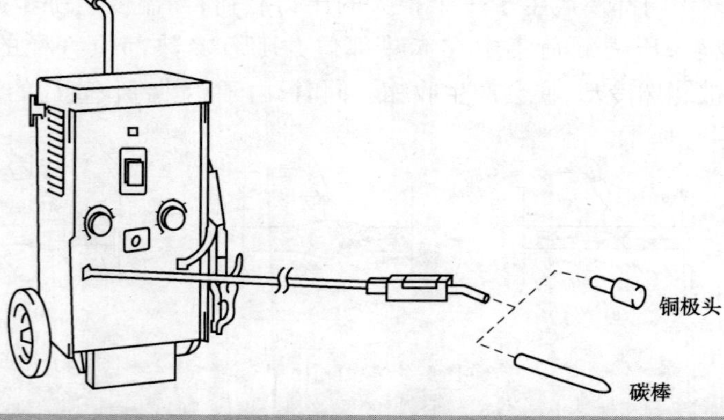

图4-6 铜极头和碳棒

热的面积。两种导电介质导电的性能都很优良,产生的电阻热都集中在钢板上,加热集中且快速(热能产生原理如图4-7所示),收缩效果良好。更主要的是这两种介质都不会因为与钢板发生接触而粘连。具体方法和特性见表4-2。

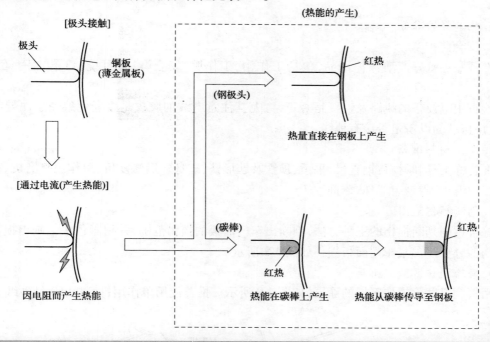

图 4-7　热能的产生

点缩火和连续缩火的方法和特性　　　　　　　　　　　　　　　　　　　　　　表 4-2

缩火作业	点缩火	连续缩火
电极头	铜棒	碳棒
特性	(1) 以单点方式收缩损伤区域； (2) 虽然点缩火的覆盖区域较小,但可移动极头至需缩火的部位,作多点缩火	(1) 以螺旋方式收缩损伤区域； (2) 此种作业可同时加热和冷却较大的区域
外观	缩火痕迹　延展区域	缩火痕迹

二、任务实施

1. 施工前的准备

1）安全防护

准备并穿戴好劳动保护用品,包括工作帽、工作服、安全鞋、护目镜、口罩、棉手套、皮手套。

检查用电设备的线路及连接是否正常,尤其注意电线的胶皮是否老化致使金属导线裸露、应该搭铁的设备是否接有地线。

2）工具材料准备

准备好工具和材料:钢直尺、手锤、顶铁及匙形铁、车身外形修复机、单作用打磨机、有凹陷的车门若干、砂纸、车身防锈剂等。

2. 判断损伤范围

综合运用判断损伤的三种方法,判断出车门面板的损伤范围,并用彩色水笔画出损伤与未损伤的分界线。某车门面板损伤如图4-8所示。

3. 磨除损伤区域旧涂层

用打磨机磨除损伤区域的涂层,如图4-9所示。推荐使用单作用打磨机,60号砂纸。

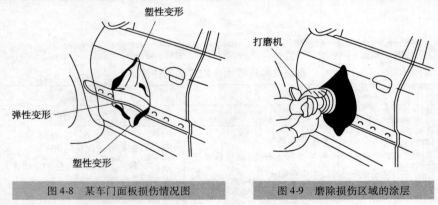

图4-8 某车门面板损伤情况图　　　　图4-9 磨除损伤区域的涂层

4. 焊接垫圈拉出法修理

基本流程如下:

(1)调整车身外形修理机相关参数。开始操作之前,必须研读焊机的使用手册。为了获得良好的垫圈焊接,在进行作业之前必须调整合适的电流和电流通过的时间间隔。应采用试焊法以获得良好的参数。图4-10显示了垫圈焊接的情况。

(2)在车门面板损伤部位焊接一排垫圈(焊接要点如图4-11所示),并用轴穿起。如果轴无法穿过,则重新焊接垫圈并使其排成一条直线。有冲压线的应首先修理冲压线,然后进行平面区域的整形。修理冲压线的垫圈焊接如图4-12所示,无冲压线的平面应将垫圈焊在最凹处,如图4-13所示。

(3)将链条固定至轴的中间部位,然后外拉并保持,如图4-14所示。

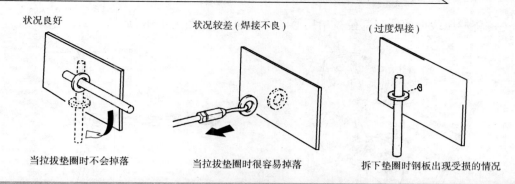

图 4-10　垫圈焊接情况

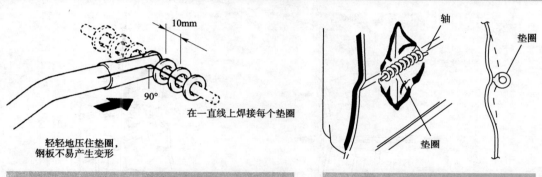

图 4-11　垫圈焊接要点　　　　　图 4-12　修理冲压线的垫圈焊接

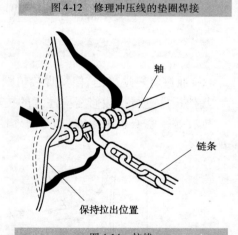

图 4-13　修整平面的垫圈焊接　　　　　图 4-14　拉拔

注意：不要用力过猛。

推荐使用拉塔进行拉拔，连接示意图如图 4-15 所示。拉拔具体步骤如下：

①估算钢板原来位置。

②通过移动接头调整角度，以 90°的角度从钢板面拉出垫圈。

③从原来的钢板面轻轻地向外拉出。每次拉拔量如图 4-16 所示。

④当拉紧链条时，轻轻地敲下凸出部位，如图 4-17 所示。

⑤敲击后，确认拉拔量并视需要再次拉拔。

(4) 将冲压线上的凸起部位拉出用錾子修整冲压线,如图 4-18 所示。

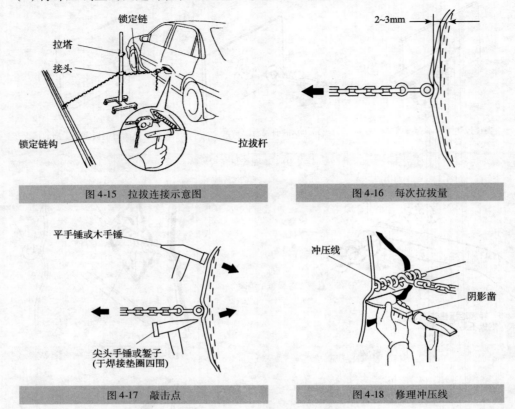

图 4-15　拉拔连接示意图　　　　图 4-16　每次拉拔量

图 4-17　敲击点　　　　图 4-18　修理冲压线

(5) 通过轻轻地敲击,修整焊接垫圈周围,如图 4-19 所示。

其他板件进行拉拔修复应注意的技巧如下:

① 在拉平空心板制零件,如车门外槛板,应多焊些垫圈(图 4-20),因为这些板件具有很高的刚度。

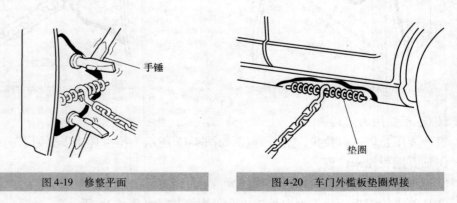

图 4-19　修整平面　　　　图 4-20　车门外槛板垫圈焊接

② 如果变形不严重可滑锤局部拉平,如图 4-21 所示。

③ 如果变形面积较大,则应采用多点拉平,如图 4-22 所示。

注意:对冲压线和平坦表面同时进行拉平操作将更为有效。

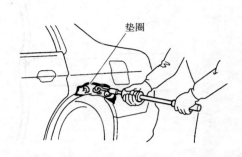

图 4-21 局部拉平

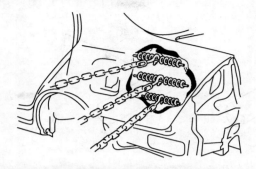

图 4-22 多点拉平

(6) 拉平后,拆卸垫圈。

(7) 拆下垫圈后,研磨表面以去除易使钢板生锈的焊接痕迹,如图 4-23 所示。

5. 钢板收缩

1) 判断钢板延展区域

通常钢板延展都会引起局部的凸起,而凸起的面积等于钢板延展的面积。图 4-24 所示为两种确认延展区域的方法。

2) 磨除旧漆膜

从延展区域磨除旧漆膜。推荐使用单作用打磨机,60 号砂纸。

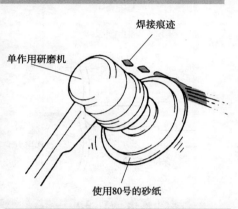

图 4-23 研磨焊接痕迹

3) 找寻缩火点

综合运用步骤 1) 的两种方法,找寻延展区域的凸点。

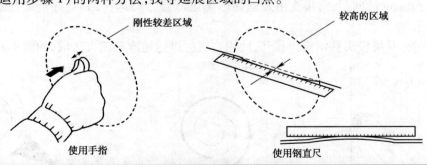

图 4-24 判断钢板延展区域的方法

4) 缩火

(1) 检查电极头。如果电极头脏污或受损,将不能完全使钢板加热和平顺地移动极头,所以当发现极头有脏污或凹痕时,必须用砂纸清洁极头,如图 4-25 所示。

(2) 点缩火。首先使用电极头对准最高点并轻轻地压下,使钢板轻微变形,如图 4-26 所示。接着按下开关,这时钢板将会产生一些反作用力,此时要求将电极头以一定的力靠住钢板面 1~2s,如图 4-27 所示。然后,使用空气枪迅速地冷却缩火区域,冷却的时间保持 5~6s,如图 4-28 所示。

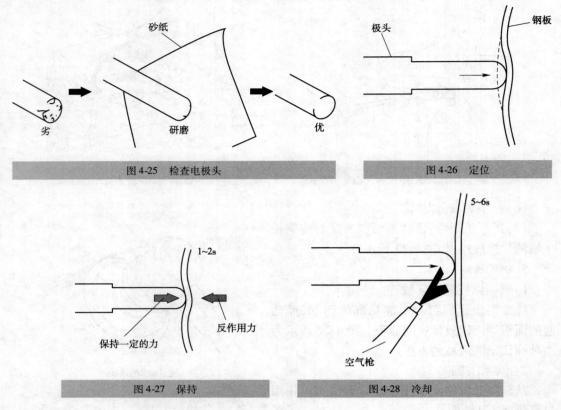

图 4-25　检查电极头　　图 4-26　定位

图 4-27　保持　　图 4-28　冷却

(3) 连续缩火。如果延展区域较大应使用连续缩火。准备好碳棒极头,倾斜,并轻轻地接触钢板面,按下开关,极头将逐渐红热,如图 4-29 所示。

以直径 20mm 的间距,将极头由外侧往内侧以螺旋方向运行,并且逐渐增加运行速度,如图 4-30 所示。

松开开关,并将极头从钢板面移开,使用空气枪迅速地冷却缩火区域,如图 4-31 所示。

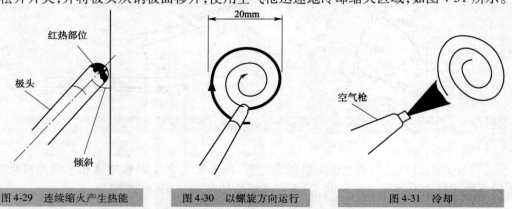

图 4-29　连续缩火产生热能　　图 4-30　以螺旋方向运行　　图 4-31　冷却

(4) 检查钢板刚性。在钢板冷却完毕后,检查钢板刚性。假如钢板仍旧缺乏刚性,则寻找另一凸出的点,并且重复实施缩火作业。

(5) 磨除缩火痕迹。使用单作用打磨机和 80 号砂纸,研磨表面去除易使钢板生锈的缩火痕迹。

6. 背面防锈处理

由于在实施垫圈焊接作业或钢板缩火作业时会产生热量,因而影响钢板背面的漆层而导致容易生锈的情形,所以必须在钢板背面喷涂防锈剂,如图4-32所示。

防锈处理注意事项请参考防锈剂产品标志上的说明。

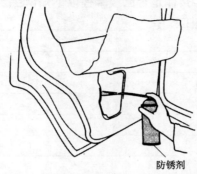

图4-32　车门面板背面防腐

7. 检查维修质量

按照步骤2判断损伤范围的方法重新对维修后的钢板进行质量评估,要求如下:为了保证钢板的修理质量,原子灰的厚度应不超过2mm,这就要求在对外部钢板修复时,应最大程度地使其接近原始形状和状态。同时还需保证钢板具有一定的强度,并且没有高点(即压缩区)。

三、评价反馈

1. 自我评价

(1) 通过本学习任务的学习,你是否已经掌握以下知识:

① 车门面板凹陷修复的施工程序。_____
_____。

② 拉拔法修复钢板的原理。_____
_____。

③ 目前常用的拉拔的方法。_____
_____。

④ 钢板收缩的作用和方法。_____
_____。

(2) 在车门面板修复过程中用到了哪些设备和工具?你是否已经掌握了这些设备和工具的正确操作技能?_____
_____。

(3) 实训过程完成情况。
评价:_____
_____。

(4) 工作着装是否规范?
评价:_____
_____。

(5) 能否积极主动参与工作现场的清洁和整理工作?
评价:_____
_____。

(6) 在完成本学习任务的过程中,你是否主动帮助过其他同学?并和其他同学探讨机械整形的有关问题?具体问题是什么?结果是什么?_____
_____。

(7)通过本学习任务的学习,你认为哪些方面还有待进一步改善?_____
_____
_____。

签名:_____ ____年____月____日

2. 小组评价

小组评价见表4-3。

小 组 评 价   表4-3

序号	评价项目	评价情况
1	学习态度是否积极主动	
2	是否服从教学安排	
3	是否达到全勤	
4	着装是否符合要求	
5	是否合理规范地使用仪器和设备	
6	是否按照安全和规范的规程操作	
7	是否遵守学习、实训场地的规章制度	
8	是否积极主动地和他人合作、探讨问题	
9	是否能保持学习、实训场地整洁	
10	团结协作情况	

参与评价的同学签名:_____ ____年____月____日

3. 教师评价

_____
_____。

教师签名:_____ ____年____月____日

学习任务5　车门面板的更换

1. 熟悉车门及附件的结构与拆装；
2. 能进行车门面板的拆卸与分解；
3. 能够更换车门新面板。

一辆轿车受到严重碰撞，一侧车门面板凹陷破损，请汽车钣金维修人员根据维修前台接待提供的维修工单，在汽车钣金维修工位，在规定的工时内，以经济的方式，按照车身维修手册的规范要求，完成车门面板的更换工作。

学习引导

车门面板更换的学习路径：

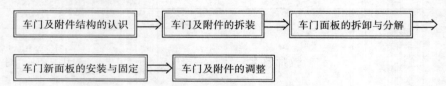

一、相关知识

车门是汽车车身结构中相对独立的总成,是供乘员或货物进出的必要通道。它主要由加强板及抗撞梁、内板、外板、窗框、车门玻璃及玻璃升降器、门锁及其手柄、车门铰链、车门密封条和车门开关机构组成。车门设计的好坏,直接影响到整车的造型效果、安全性、密封性、视野、噪声控制以及乘坐空间等诸方面的优劣。

1. 汽车车门的要求

车门作为汽车的重要组成部分,是车身侧面最富变化和最受人关注的对象。一方面,车门作为车身结构中的重要组成部分,其造型风格、强度、刚度、可靠性及工艺性等必须满足车身整体性能的要求;另一方面,车门结构自身的视野性、安全性、密封等性能,既对整个车身结构性能影响较大,也是车门功能要求的重要部分。

(1)方便性要求。开关方便性:灵活、轻便、自如,有最大、中间两挡开度,并能可靠限位;上下车方便性:开度应足够,一般不低于60°或开度不小于650mm。

(2)视野性要求。尽量加大车门窗口及玻璃尺寸,并合理布置三角窗位置、大小、形状。

(3)可靠性、安全性要求。足够的强度、刚度,不允许因变形、下沉而影响车门开关可靠性;车门开关时不允许有振动噪声;部件性能可靠、不干涉;撞翻车时不能自行开门,以确保乘员安全;满足侧撞时对乘员的保护要求。

(4)密封性要求。雨、雪、尘不能进入车内,应具备良好的气密封性。

(5)工艺性、维修性要求:易于生产制造,拆装方便。

2. 汽车车门的类型

汽车车门的类型见表5-1。

车 门 的 类 型　　　　　表5-1

分类方式	类　型	特点及常用车型
开启方式	旋转门	用于大多数汽车
	折叠门	多用于客车
	拉门	多用于轻型客车
结构	整体式车门	刚度好,质量高,随形性好
	分开式车门	钣金件少,材料利用率高,视野性好
窗框	有窗框车门	用于大多数汽车,可为独立窗框或整体式车门
	无窗框车门	适于敞篷车、硬顶车、运动车使用
旋转方向	逆开门	较少采用,仅为方便上、下车
	顺开门	安全性好,较常用
	上开门	用于轿车和轻型车的背门,也用于低矮的汽车

3. 汽车车门的基本组成

汽车车门的基本组成见表5-2。

汽车车门的基本组成　　　　表5-2

车门								
车门本体				车门附件				
内板	外板	加强板与抗撞梁	窗框	车门锁	铰链及限位器	玻璃及升降器	门及窗密封条	内外装饰件	其他附件

二、任 务 实 施

以轿车用旋转门为例说明车门外板的更换工艺。

1. 拆卸前检查

在拆卸车门之前,应检查车门铰链是否弯曲,观察车门与门洞的位置关系。查看面板的固定方式,以确定需要拆卸内部的哪些构件。

2. 拆下车门玻璃

拆下车门玻璃,以免在修理车门时破裂。

3. 拆下车门

拆下车门,放到合适的工作场所。

4. 除焊点

车门面板的拆卸与分解:用氧乙炔焰炬和钢丝刷除掉面板边缘焊点部位的油漆,用钻和焊点剔除工具除掉焊点。

5. 标记

在门框上贴上标记条,分别测出面板边缘到标记条下边线的距离和面板边缘到门框的距离,如图5-1所示。

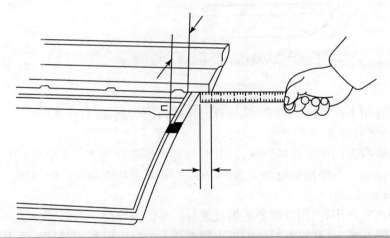

图5-1 测量出面板的位置

6. 剔除钎焊缝

用等离子弧切割机或砂轮机把面板与门框之间的钎焊缝剔除。

7. 打磨面板边缘的翻边

只需磨掉边缘而使其断开即可,不要打磨到门框上,如图5-2所示。不要用割炬或电凿来拆卸,以免造成门框变形或被意外割坏。

8. 剥离面板与门框间连接

用手锤和錾子把面板与门框剥离开来,用铁皮剪沿那些无法钻掉或磨掉的焊点周围把面板剪开,如图5-3所示。待面板可自由活动时,拆下面板。

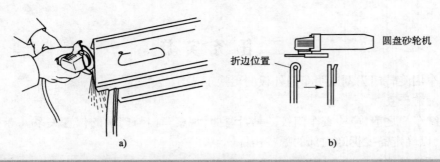

图 5-2　打磨掉车门面板翻边的外缘

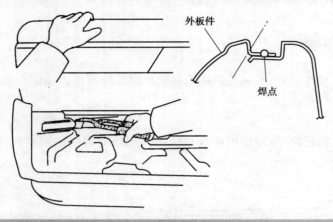

图 5-3　用剪刀沿焊点周围剪开

9. 修整

用钳子拆除留下的翻边,再用砂轮机打磨掉残留的焊点、钎料和锈斑。

10. 内部修理与防腐

拆下面板后检查门框的损坏情况,同时对内部损伤进行修理。必要时,用手锤和砧铁修理内折边上的损伤。在焊接部位涂上透焊防蚀涂料,其余裸露部位涂防锈漆。

11. 新面板的处理

钻出或冲出塞焊用孔,用砂纸磨去焊接或钎焊部位的涂层。裸露部分应涂上透焊涂料。有些面板配有隔音板,这些隔音板必须固定到面板上。这时应先用酒精擦净面板,然后用黏结剂将它们黏结起来。在新面板背面涂上车身密封胶,应在距翻边 10mm 处均匀涂抹,厚度为 3mm。

12. 定位夹紧与翻边作业

用手锤和砧铁进行翻边,翻边时砧铁应包上布,以免划伤面板。翻边应分三步逐渐进行,注意不要使面板错位,不要出现凸起或折痕,如图 5-4 所示。

边翻至 30°后,用翻边钳收尾。收尾也应分三步进行,同时注意不要造成面板变形,如图 5-5 所示。

13. 对翻边进行定位点焊

用点焊或塞焊焊接车门玻璃框,然后再对翻边进行定位点焊,如图 5-6 所示。

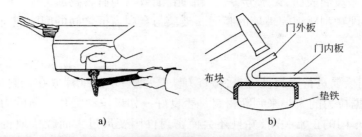

图 5-4 敲出面板边缘的翻边
a)用垫铁;b)断面图

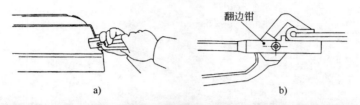

图 5-5 用翻边钳进行翻边

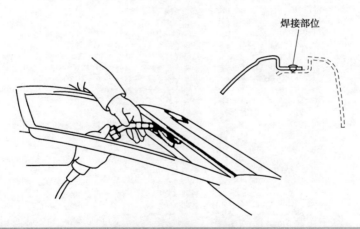

图 5-6 车门玻璃框的焊接

14. 防腐与密封

在翻边处涂上接缝密封胶,在焊接和钎缝部位的内侧涂上防蚀剂。在新面板上钻出用于安装嵌条和装饰条的孔。在安装任何零件前,所有的棱边都应修整好。

15. 安装调整车门

将车门放入门洞内,检查定位状况,为表面修饰做好准备后,把车门装好。调准车门与相邻板件间的位置关系,检查其转动是否灵活。

16. 安装车门玻璃及密封条

(1)门窗框已安装调整结束,框与墙体间的填充也已完成。
(2)门窗框符合装配要求。清理玻璃槽口,无障碍物。

(3) 擦洗干净玻璃表面，无水分、灰尘、油脂、油或其他有害物质。
(4) 不得用硬物刮碰镀膜玻璃的膜面。玻璃与金属窗框之间的间隙应符合要求。
(5) 固定。

17. 检查

在修复车门后要进行密封性检查，检查方法是：把一块硬纸片放在密封位置上，关上门，再拉动纸片，根据拉力的大小来判断密封是否良好。如果拉动纸片所需的力过大，说明密封过紧，这会影响车门的正常关闭，并且还会使密封件因变形过大而较快地丧失密封性能；如果拉动纸片所需的力过小，说明密封不良，往往会出现车门挡风不挡雨的现象。在更换车门时一定要注意在新车门的内外板翻边咬合处涂折边胶，并把一些在冲压时留下的小工艺孔用苯基胶带堵住。

三、评价反馈

1. 自我评价

(1) 通过本学习任务的学习,你是否已经掌握以下知识:

① 车门结构与类型。_____

_____。

② 车门面板的拆卸与分解。_____

_____。

③ 车门新面板的安装与固定。_____

_____。

④ 车门及附件的调整。_____

_____。

(2) 实训过程完成情况。

评价:_____

_____。

(3) 工作着装是否规范?

评价:_____

_____。

(4) 能否积极主动参与工作现场的清洁和整理工作?

评价:_____

_____。

(5) 在完成本学习任务的过程中,你是否主动帮助过其他同学?是否和其他同学探讨学习中的有关问题?具体问题是什么?结果是什么?_____

_____。

(6) 通过本学习任务的学习,你认为哪些方面还有待进一步改善?_____

_____。

_____。

签名：_____　　____年____月____日

2. 小组评价

小组评价见表5-3。

小 组 评 价　　　　　　　　表5-3

序号	评价项目	评价情况
1	学习态度是否积极主动	
2	是否服从教学安排	
3	是否达到全勤	
4	着装是否符合要求	
5	是否合理规范地使用仪器和设备	
6	是否按照安全和规范的规程操作	
7	是否遵守学习、实训场地的规章制度	
8	是否积极主动地和他人合作、探讨问题	
9	是否能保持学习、实训场地整洁	
10	团结协作情况	

参与评价的同学签名：_____　　____年____月____日

3. 教师评价

_____
_____。

教师签名：_____　　____年____月____日

学习任务 6　车身钢板的切割与更换

学习目标

1. 熟悉车身板件更换的基本步骤；
2. 描述如何拆分板件的焊点和焊缝；
3. 说明新车身板件应如何在车辆上定位；
4. 能够用焊接介子拉拔法修理钢板；
5. 能够初步完成挡泥板、后翼子板的更换工作。

任务描述

一辆承载式轿车的一侧从前面、后侧面受到了中度碰撞，挡泥板及散热器支架破损、后侧面翼子板破损，请汽车钣金维修人员根据维修前台接待提供的维修工单，在汽车钣金维修工位，使用合理的工具、合理的方法，在规定的工时内，以经济的方式，按照车身维修手册的规范要求，更换前面被撞侧的挡泥板及散热器支架，更换后侧面翼子板。

学习引导

车身钢板分割与更换的学习路径：

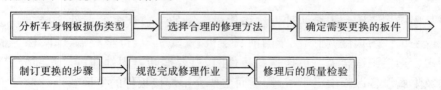

一、相关知识

1. 车身板件更换工作

经过校正工作,将车身恢复到原始位置后,应更换无法修复的板件。

对损坏的板件是进行修理还是更换,经常存在不同的意见。如有可能,结构件应进行修理而不是更换。但对于严重损坏的板件,将其更换是唯一实用有效的方法。常用的规则是,如果一个零件只是弯曲变形,应该进行修理;但如果是严重的弯折,即当一个金属板件的弯曲半径小于 3.2mm,或弯曲角度超过 90°时,则一定要将其更换,如图 6-1 所示。这是因为金属板件被弯曲的幅度过大,当对其进行校正时板件就会产生裂纹。图 6-2 概括地说明了对螺栓连接的板件和焊接的板件进行更换的一般步骤。

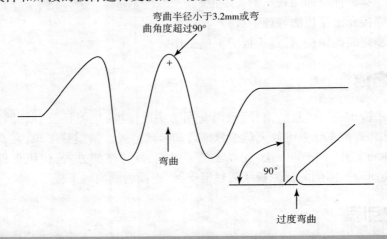

图 6-1 弯曲与过度弯曲的板件

车身是用机械紧固和焊接两种方法将构成车身的为数众多的板件连接在一起而成的。非结构性或装饰性的板件,例如汽车的前翼子板、发动机罩、行李舱盖、保险杠等金属构件,通常是用螺栓连接到框架上。更换这些板件时,只要拆卸紧固件即可。此部分内容在汽车车身结构及附属设备课程中已学习过,下面主要介绍焊接板件的更换。

整体式车身结构中,所有的结构性板件都焊接在一起,构成一个整体框架,比如车身中的散热器支架、挡泥板、地板、车门槛板、发动机舱的侧梁、上部加强件、下车身后梁、内部的护板挡、行李舱地板等都属于结构性板件。

结构性板件是所有车身零部件和附属于它们的外部板件的安装基础。因此,焊接的结构板件定位的精确性,决定了所有外形的配合和悬架装置的准确。在装配过程中,焊接的板件不能草率地用垫片进行调整,在焊接以前,结构板件必须精确地定位。

在结构板件的更换工作中,有两种情况,即更换一个板件的整体和更换一个局部的零件,后者也称为分割更换。

2. 结构件的整体更换

结构件的整体更换步骤如图 6-2 所示。

车身钢板的切割与更换

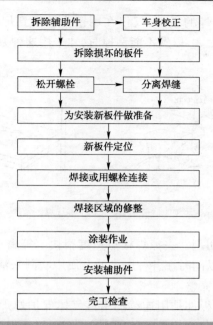

图 6-2　对螺栓连接和焊接的车身板件更换的一般步骤

（1）结构件的拆卸方法。车身结构板件在制造厂里主要用电阻点焊连接在一起,因此拆卸结构板件主要作业就是分离点焊和焊缝。

①分离点焊。分离点焊的第一步应是确定点焊的位置。可以用氧乙炔或丙烷焰焊炬、钢丝刷、砂轮等法去除底漆、保护层或其他覆盖物。如果清除油漆以后,点焊的位置仍不能看见,可在两块板件之间用錾子錾开,这样可使点焊轮廓线显现,如图 6-3 所示。

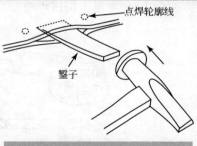

图 6-3　用錾子确定点焊位置

确定点焊的位置以后,使用图 6-4 所示的点焊切割器,钻掉焊接点。分离时要小心,不要切割焊缝下面的板件,并且一定要准确地切掉焊接点,以避免产生过大的孔。

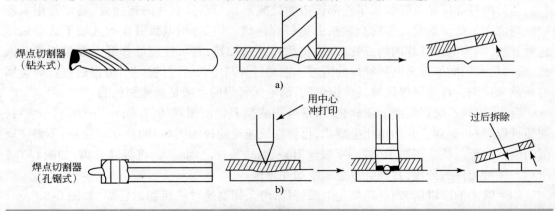

图 6-4　点焊切割器
a）转头式；b）孔锯式

用高速砂轮也可分离点焊的板件,仅仅在用钻头够不到焊接点,或更换的板件是在上部,或者那里的柱形焊接点太大,以致不能钻掉时,才采用这种方法,如图6-5所示。

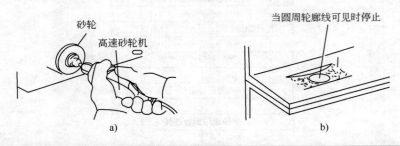

图6-5 用砂轮机清除焊点

另外,用等离子弧焊炬切割器去掉焊接点速度很快。等离子弧焊炬的工作有点像乙炔焊炬。使用等离子焊炬,可以同时在各种厚度的金属中吹洞来清除焊接点。显然,使用等离子焊炬不能保证下层板材的完整。

②分离连续焊缝。有些板件是用连续的惰性气体保护焊焊缝连接的。由于焊缝长,因此要用砂轮或高速砂轮机来分离板件。如图6-6所示,割透焊缝而不割进或割透板件。握紧砂轮以45°角进入搭接焊缝。磨透焊缝以后,用手锤和錾子来分离板件。

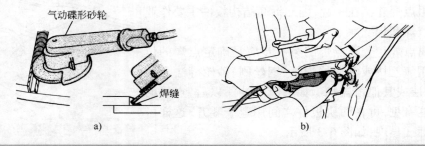

图6-6 分离连续焊缝

③分离钎焊区域。钎焊用于外部板边缘处或车顶与车身立柱的连接处,通常是用氧乙炔焊炬或丙烷焊炬熔化钎焊的金属来分离钎焊区域。但是,用电弧钎焊的区域不适合采用这种方法,因为电弧钎焊的熔点比较高,仍采用此法加热,有可能烧坏焊缝下面的板件。因此,通常是采用磨削分离电弧钎焊的区域。普通钎焊与电弧钎焊的区别,可以通过钎焊金属的颜色来识别。普通钎焊区域是黄铜色的,而电弧钎焊的区域是淡纯铜色的。

首先,用氧乙炔焊炬使油漆软化,用钢丝刷或刮刀将油漆除掉,如图6-7a)所示。然后,加热钎焊焊料,直到它开始熔化呈糊状,再将它快速地刷掉如图6-7b)所示。注意:不要使周围的金属薄板过热。用錾子(或一字螺丝刀)从两块板件之间錾入,将板件分离,如图6-7c)所示。保持板件的分离,直到钎焊金属冷却并硬化。

如果除去油漆以后,确定连接是电弧钎焊,可采用高速砂轮机切除钎焊,如图6-8所示。如果更换上面的板件,不要切穿它下面的板件。磨掉钎焊接头以后,用錾子和手锤分离搭接的板件。

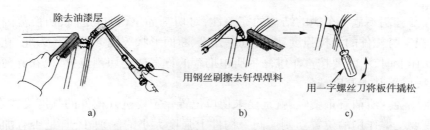

图6-7 用氧乙炔焊炬分离钎焊区域

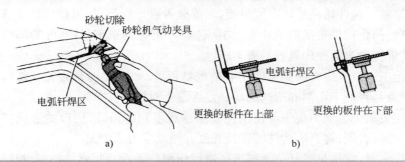

图6-8 分离电弧钎焊的区域
a)电弧钎焊区域的分离;b)切割的深度

(2)板件的准备及安装。主要包括车上板件和新板件的准备工作、板件的定位工作、板件连接处的焊接工作。这些内容请参考前面的操作步骤。

3.结构件的分割更换

受损伤的整体式车身部件,一般在生产时的接缝处进行更换。但当许多必须分离的接缝处于车辆未受损伤的区域内部时,这样做是不现实的。在这样的修理中,如对梁、立柱、车门槛板和地板进行分割,可使昂贵的修理费用降低。分割结构件,使修理区域的强度像撞击以前一样,同时保持了防撞挤压区。这样,当再碰撞时就具有吸收碰撞的能力。

(1)分割部位的选择。根据研究可进行分割作业的结构件主要有:车门槛板、后侧围板、地板、前侧梁、后侧梁、行李舱地板、B柱以及A柱,如图6-9所示。

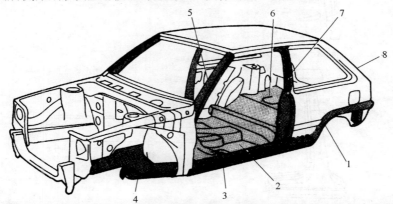

图6-9 车身可分割板件
1-后侧梁;2-地板;3-车门槛板;4-前侧梁;5-A立柱;6-行李舱地板;7-B立柱;8-后侧围板

119

为了保证分割不危害车辆的结构的完整性,对切割部位、切口走向、切换范围等都有一定要求,应视车身构件的结构强度、电阻点焊方式、断面形状等因素而定。为此,在进行车身构件的切换作业时,一定要按汽车维修手册中推荐的方案选定切割位置,或在弄清具体构造的基础上,按以下基本原则选位。

① 避重就轻。所谓避重就轻,就是要求切口位置一定要避开构件的强度支撑点,而选择那些不起重要支撑作用的位置切割。同一构件上强度大小的区别在于,是否有加强板等结构在起辅助增强作用。

② 易于修整。构件切换后还需要对接口、焊缝等进行修整,如果按修整工作量的大小选择切口,就可以简化构件更换后的作业,如所选切口正好位于车身内、外装饰件的覆盖范围内,其接口或焊缝的表面处理就容易得多。

③ 便于施工。选位应兼顾到切换作业的难易程度,如需要拆装的关联件的多寡与作业难易程度,以及是否便于切割和所选的切口是否易于对接等。

④ 避免应力集中。应力集中会使构件发生意想不到的损坏,切口的选位应避开车身构件的应力集中区;否则,将影响构件的连接强度并诱发应力集中损伤。

另外还应注意,应尽量避开防撞挤压区进行切割分离;否则,就会改变设计安全目的,应避开支撑点,如悬架支撑点、座椅安全带在地板中的支撑点,以及肩带 D 环的支撑点。例如,当切割 B 柱时,应环绕着 D 环面作偏心切割,以避免影响支撑点的加固。

(2) 分割连接的基本类型。正确的结构件分割工艺和分割技术涉及三种基本的连接类型。一种是用插入物对接(图 6-10),主要用于封闭截面构件,例如车门槛板、A 立柱、B 立柱以及车身梁。插入物使这些构件容易装配和正确地对中连接,并且使焊接过程比较容易。插入物也是一个立体的、无间断连接的部件的基础。

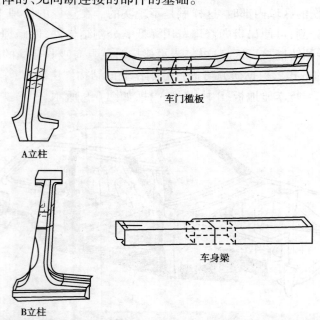

图 6-10 用插入物对接

另一种基本类型是没有插入物的对接,也就是通常所说的偏置对接如图 6-11a)所示。这种类型的焊接连接用于 A 柱、B 柱及前侧梁。

第三种基本类型是搭接,如图 6-11b)所示。搭接用于后侧梁、地板、行李舱地板及 B 柱。

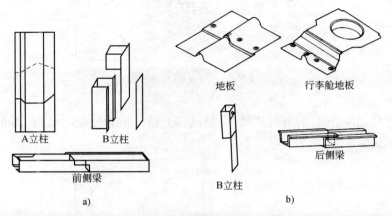

图 6-11　偏置对接和搭接
a)没有插入物的偏置对接；b)搭接

被分割构件的形状和结构,可能要求采用组合的连接类型。例如,分割 B 立柱,可能要求在外件上用偏置对接,而在内件上用搭接。

4. 分割车身梁

实际上车身的前侧梁和后侧梁都是封闭截面构件,但封闭截面有两种不同形式。一种是自封闭截面,是一种箱形截面结构,如图 6-10 中的车身梁；另一种是开口的,看起来像有边的帽子,靠与其他构件连接而形成封闭截面,如图 6-12 所示。

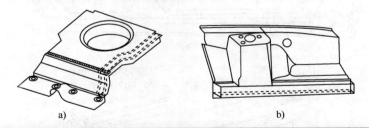

图 6-12　典型的帽子式槽板形构件
a)后侧梁；b)前侧梁

修理封闭截面梁,采用的工艺是用插入件对接,如图 6-10 所示。大多数的后侧梁以及各种各样的前侧梁,为帽子形槽板结构。它们的封闭件有些是垂直的,例如将前侧梁连接到侧面挡泥板上的构件,有些则是水平的,例如将后侧梁连接到行李舱地板上的构件。

在大多数情况下,当切割开口式(帽子式槽板形)梁时,其焊接工艺是在搭接区域中用塞焊并沿着搭接的边缘连续搭接焊,如图6-13所示。切割前侧梁或后侧梁时,一定要注意,它们肯定有防撞挤压区,切割时必须避开这些区域；还需注意,切割要避开任何孔和加强件。

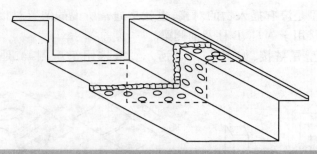

图 6-13 连接开口式侧梁

5. 分割车门槛板

车门槛板有二件、四件和五件式结构,是汽车上设计最为复杂的结构,图 6-14a)所示为不同形式的车身槛板。

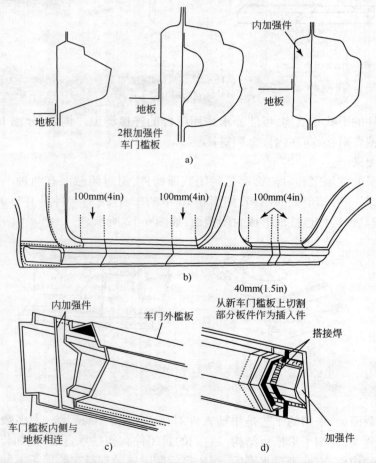

图 6-14 车门槛板断面图与分割要点

a)几种常见车门槛板的断面图;b)车门槛板的切割部位;c)车门槛板的切割剖面图;d)加强车门槛板的切割方法

从图 6-14 中可以看到,有些车门槛板装有加强件,这些加强件可以是间断的,也可以是连续的。根据损坏情况的不同,可以选择车门槛板与 B 柱一起进行修理,也可以对车门槛板进行单独修理。根据车门槛板结构的不同，所采用的修理方法也不相同。例如采用纵向切割用插入件对接，或仅对车门槛板的外件进行切割，用搭接或偏置对接的方法装上修理件。

切割车门槛板时，应按照厂家要求的操作过程进行。只要选择的切割区远离车身立柱，就可以采用如图6-14b）所示的方法进行切割。切割车门槛板总成前，应仔细选择切割部位，以便分割板件。应采用搭接连接方式，保持元件修理工作的连续。如果不仅仅是车门外槛板需要更换，而且其他板件也需更换时，不同元件的切割方法如图6-14c）所示，采用交错切割方法。

车门槛板的修理应从里向外进行。更换板件从车门内槛板与地板连接处开始。然后，首先安装内板件加强件，接下来安装其他元件，如车门外槛板。车门槛板的嵌入件可以采用新的板件制作，也可以使用好的旧板件。采用对接焊接，按图6-14d）所示交错进行，使热量迅速散出。

用插入件作对接时，从纵向切割板件。用修理件上的多余部分或损坏件的端部切割下来的一块或多块作材料，制作插入件。插入件应为15～40cm长，如图6-15所示。然后去掉夹紧焊的凸缘，以便将插入件安放在车门槛板里面，用塞焊将插入件固定在适当位置。在封闭截面中安装插入件时，不管它是车门槛板、A柱、B柱或者车身梁，都要确保封闭焊接完全焊透插入件。焊接以前，应仔细地清理切割面上的毛刺；否则，焊接金属将围绕毛刺形成焊瘤，可能产生焊接裂纹，形成应力集中，引起龟裂并削弱连接强度。

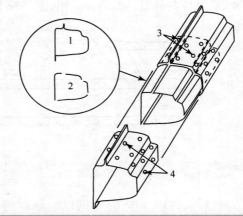

图6-15 切割插入件以安装车门槛板
1-车门槛板的截面；2-切割后插入件截面；3-车门槛板插入件，用塞焊固定或用螺钉固定；4-塞焊的孔（直径8mm）

一般来说，只有在更换车门外槛板或其一部分时，才采用搭接工艺。进行搭接的一种方法是在前门的开口处进行切割。当进行这样的切割时，为了避免切割到B柱和C柱下面的任何加强件，应避开B柱和C柱基础件几厘米进行切割，具体方法如下。

（1）环绕着B柱和C柱的基础件切割，每一个立柱的周围留下搭接域（图6-16）。

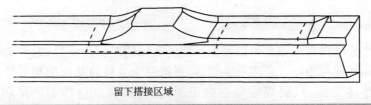

留下搭接区域

图6-16 立柱周围的搭接

（2）切好新的车门槛外板，使之搭接在立柱基础的周围，同时，车门槛外板的原件也仍然固定在汽车上。

(3) 在夹紧焊接的凸缘上,采用塞焊代替出厂的点焊(图6-17)。

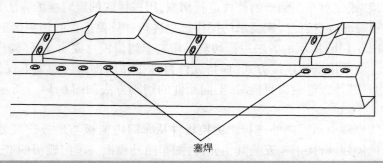

图6-17 塞焊凸缘

(4) 采用与夹紧焊近似的等间距,围绕着 B 柱和 C 柱塞焊搭接(图6-18)。

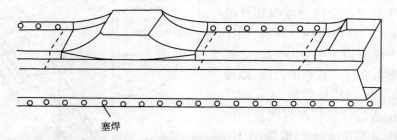

图6-18 塞焊搭接

(5) 然后大约以 30% 的比例以间隔焊缝搭焊边缘,即搭接边的每 40mm 长度大约有 13mm 焊缝(图6-19)。

(6) 在门开口的搭接区域进行塞焊,并环绕着边缘搭接焊合(图6-20)。

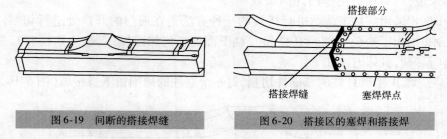

图6-19 间断的搭接焊缝　　图6-20 搭接区的塞焊和搭接焊

更换车门槛板的操作步骤也可以根据碰撞的实际情况作些调整,方便更换操作。例如,可以在后门框和前柱与中柱处采用重叠切割,或沿三个立柱的基部切割下整个车门外槛板,然后对其进行整体更换,只要焊接和连接正确,就可以保证修理的质量和车身板件的整体性。

6. 分割 A 柱

A 柱是由两件或三件组成的,如图 6-21 所示。可以在上端、下端或上下两端将它们加固,但不大可能在中间加固。因此 A 柱应在中间附近切割,以避免割掉任何加固件。

对 A 柱切割,可用纵向切割,用插入件对接,或者没有插入件的偏置对接。用插入件对接修理时,采用与已经介绍过的车门槛板相同的方法。A 立柱插入件的长度应为5～10cm。插入件沿长度方向清除任何凸缘以后,将插入件轻轻地敲入。用塞焊将插入件固定在适当位置,并用连续对接焊缝封闭立柱所有的周边,如图 6-22 所示。

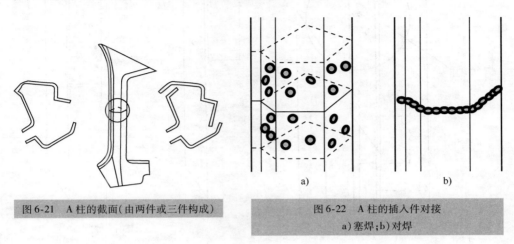

图 6-21　A 柱的截面(由两件或三件构成)　　　图 6-22　A 柱的插入件对接
　　　　　　　　　　　　　　　　　　　　　　　　a)塞焊;b)对焊

进行偏置对接时,内件的切割位置与其他件不同,形成偏置,见图 6-11a)中的 A 立柱。只要有可能,应尽量设法在制造厂的焊接点之间进行切割,以便于钻除焊点。两切割线之间的间距为 5～10cm。将截面对接在一起并将它们的四周连续焊接。

7. 分割 B 柱

对于分割的 B 柱,可以用两种类型的连接:插入件连接、偏置对接和搭接相结合。

(1)插入件对接。当 B 柱的截面相对简单,仅由两件组成,没有那些内部加强件时,用插入件对接通常比较容易对中和相配合。插入件可提供附加的强度,如图 6-23 所示。

由于大多数 B 立柱上设置座椅安全带的 D 环固定点,所以一定要在 D 环座的下部切割,其距离要足以避免切通 D 环固定点的加强件,D 环固定点加强件是焊到内件上的,因此无法安置插入件,此时对 B 柱,仅在它的外件使用槽形插入件。

首先,在现有的内件上搭接新的内件,而不要将它们对接在一起,并且焊好搭接边缘,如图 6-24a)所示。然后用点焊把插入件焊接就位,并且用连续对接焊环绕着外立柱封闭连接,如图 6-24b)所示。

有时用旧的 B 柱和车门槛板组件作整体更换更为有利。因为当 B 柱遭到猛烈碰撞,必须更换时,车门槛板也几乎肯定会遭到破坏。用两种有效的连接形式中的任一种形式安装 B 柱的上端,并且用已经介绍的方法与车门槛板中的插入件进行对接。

如果主要损坏是在后门开口处,则可用插入件与前门开口进行对接连接,并整体安装车门槛板的另一端。如果主要损坏是在前门开口处,工艺规程就相反。

(2)偏置对接和搭接的组合。一般来说,在安装新件时,或在处理分离的内件和外件时,更常用的是偏置对接和搭接两种方式的组合,如图 6-25 所示。综合利用偏置对接和搭接的方式应当按照以下步骤进行。

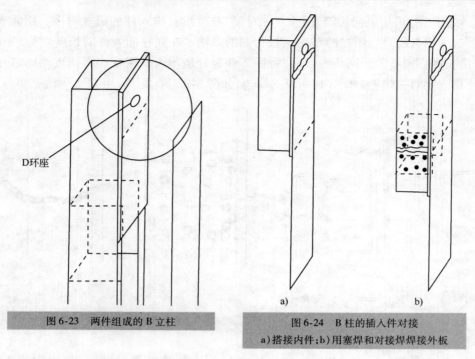

图 6-23　两件组成的 B 立柱

图 6-24　B 柱的插入件对接
a) 搭接内件；b) 用塞焊和对接焊焊接外板

① 在 D 环固定点加强件上部的外件上切割出一个对接接头。
② 在 D 环固定点加强件下部的内件上进行搭接切割。
③ 首先安装内件，用新的板件搭接在原有的板件上。
④ 搭接焊接边缘，如图 6-26a) 所示。
⑤ 将外件安放就位，在边缘上进行塞焊，并且在对接处用连接焊缝封闭截面，如图 6-26b) 所示。

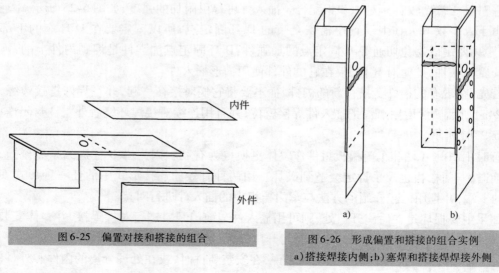

图 6-25　偏置对接和搭接的组合

图 6-26　形成偏置和搭接的组合实例
a) 搭接焊接内侧；b) 塞焊和搭接焊焊接外侧

8. 分割地板

切割地板时，不要切穿任何加强件，例如座位安全带的固定装置。要注意使后部地板搭接在前板上,使汽车下部地板的边缘总是指向后方。这样,从前向后运动的道路飞溅物会从底部边缘流出而不会迎面撞击,如图6-27所示,具体步骤如下:

（1）用搭接焊连接所有的地板。

（2）塞焊搭接,将铆塞从上向下插入,如图6-28a)所示。

（3）用弹性捻缝材料堵塞上边和前向的边。

（4）在下边,用连续焊缝搭接焊重叠的边。

（5）用底漆、焊缝保护层以及外涂层覆盖搭接焊缝,如图6-28b)所示。这样有助于防止连接缝受到腐蚀,并且保证没有一氧化碳通过接缝进入乘坐室。

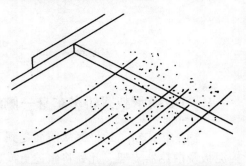

图6-27　地板的搭接保护接缝不受气流影响

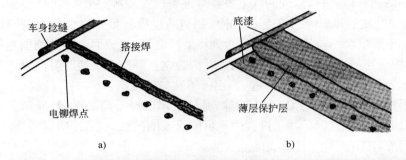

图6-28　连接地板
a)上部塞焊和底部搭接焊；b)底边的保护层和底漆

9. 分割行李舱地板

行李舱地板的分割方法与车厢地板的分割方法基本相同,但略有区别。通常只有汽车发生严重碰撞,行李舱地板被损坏时,才对行李舱地板进行切割更换。需更换行李舱地板时,车身后侧梁通常也需更换。由于行李舱地板下面、靠近后悬架的地方,通常设置有横梁,所以切割行李舱地板时,应选择后横梁的后缘上面的区域。选择距离横梁适当的位置切割下已损坏的车身梁。把新的地板搭接在横梁的凸缘后部,从顶面开始进行塞焊。然后像地板封焊焊缝那样,对顶面向前的连接缝进行封焊。如果连接缝位于横梁上,由于横梁有足够的强度,就不必把上面的板件焊接到下部板件上。但是,如果没有横梁,就必须对地板连接缝进行焊接,并采取防腐蚀措施,然后进行密封,防止一氧化碳通过接线处进入车厢。

二、任务实施

(一) 更换承载式轿车车身一侧前挡泥板

一辆承载式轿车的一侧从前面受到了中度碰撞,经过校正作业后,一般要更换被撞侧的挡泥板及散热器支架。此处将叙述更换这些板件的步骤。

1. 拆卸挡泥板

主要作业就是分离焊点和焊缝。具体内容参见后面的相关知识。

2. 准备工作

拆卸损坏的板件以后,待修理的汽车要做好准备以安装新的板件,工作步骤如下:

(1) 从点焊区域磨掉焊缝的痕迹。用钢丝刷清除连接表面上的油泥、锈斑、油漆、保护层及镀锌层等。不要磨削结构钢板的边缘,否则将磨掉金属,使截面变薄并削弱连接强度。此外,还要清除板件连接表面后面的油漆和底漆,因为这些部位在安装时要点焊。

(2) 相配合的凸缘上的凹坑和凸起,要用锤子和垫铁敲平。

(3) 在油漆和腐蚀物已从连接面上清除,基体金属已经暴露的区域,应涂上可焊透的底漆。对于连接的表面或在以后加工过程中不可能涂漆的区域,要采用防锈底漆。

新板件的准备工作如下(图 6-29):

(1) 用圆盘打磨机清除点焊区域两边的油漆,不要磨削到板件,并且不能使板件过热变成蓝色或开始变形。

(2) 对清除油漆层的焊接表面,要施用可焊透底漆(作为防锈处理)。涂抹焊透底漆时要小心,以防从连接表面上渗出。

(3) 为了塞焊,要用冲孔机或钻头钻孔。一定要参照每类车辆的车身修理说明书来确定塞焊孔的数量。通常,孔的数量比在工厂总装线上的点焊数要多。要确保塞焊孔的直径合适。

(4) 如果新钢板要切割并与现有的钢板搭接,要采用气动锯或切割砂轮,或者其他工具,将新钢板粗切到需要的尺寸。钢板的搭接宽度应为 20~30mm。如果搭接部分太大,装配时板件的配合调整比较困难。

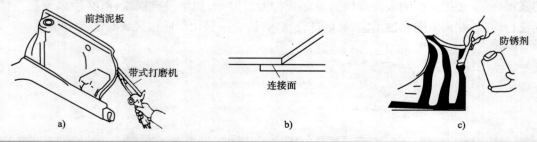

图 6-29 新件的准备
a) 打磨 b) 使焊接面无绝缘层 c) 涂防锈剂

3. 挡泥板定位

（1）安装挡泥板。将挡泥板按图6-30a)所示的方法装配到位,并注意对正有关的安装标记;如新件上没有作出装配标记时,可比照旧件拆解后留下的痕迹安装。随后用万能夹钳等夹具将挡泥板固定。如果挡泥板的前端不便使用万能夹钳时,为使其结构稳定可与其他相邻构件暂焊（如前横梁）。

（2）长度调整。也称纵向装配位置的调整。按维修手册或对比法确定安装长度,调整测距尺,按图6-30b)所示的方法,沿纵向测量、调整挡泥板的装配长度。

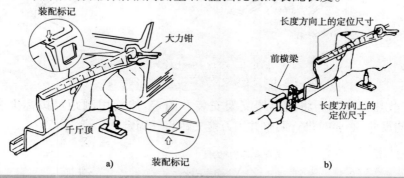

图6-30　新件的安装
a)新板件夹紧就位;b)作长度调整

注意:测量的起止点应以基准孔或构件的装配孔为准,而不能以挡泥板的前端面为依据;纵向长度尺寸定位后应于上部选2~3点暂焊（因为测量点在上面）。

（3）高度调整。也称垂直方向上装配位置的调整。可按标准参数调整挡泥板测量点的定位高度,也可使用定中规按图6-31a)所示的方法测量,并通过调整使之与对称一侧的构件等高并对称。挡泥板的高度调定后及时将液压千斤顶锁住,并将其下部与车身暂焊,如图6-31b)所示。

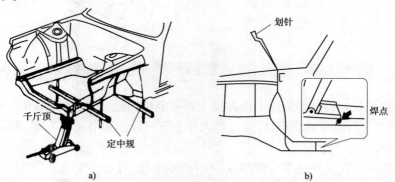

图6-31　高度方向上的调整
a)高度方向的测量与调整;b)高度方向确定后,在下部暂焊

（4）宽度调整。也称水平方向上装配位置的调整。使用测距尺检验如图6-32a)所示的宽度参数值,调定后将其与前横梁横向固定。然后,重新按图6-32b)所示的方案校准高度和长度方向上的参数。如不符合要求时,应继续进行微量调整直至合格为止。确认无误后装上悬架横梁并加以可靠固定（如螺栓连接、塞焊等）。

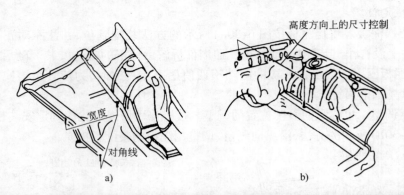

图 6-32 宽度方向上的调整
a) 对角线及宽度尺寸测量; b) 校对高度尺寸

(5) 安装散热器支架。将散热器支架安装并固定,然后用测距尺按标准参数值检查图 6-33 所示的尺寸,必要时进行调整并用万能夹钳将其固定。

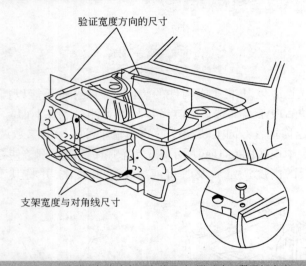

图 6-33 检验支架宽度与对角线尺寸,同时验证翼子板宽度

(6) 安装翼子板。将翼子板装于挡泥板上并按定位标记固定,参照图 6-34a) 所示方法,检查其后端面与车门边缘的间隙,应符合要求并上下一致。如果间隙不等,则说明挡泥板的装配高度有问题。

(7) 参数验证。正式焊接前应按图 6-34b) 所示方法,对全部定位参数作一次综合验证,并以目测的方式观察前车身的装配情况,检视各构件之间的平行与对称状态有无异常现象,否则应查明原因并予以修正。至此,即可转入电阻点焊作业阶段。

4. 焊接作业

挡泥板实现正确定位后,即可转入焊接作业。与构件的定位一样,焊接也与整体质量密切相关。挡泥板采用点焊与气体保护焊结合的方式焊接,能用点焊焊接的尽量用点焊机焊接。点焊无法焊接的用气体保护焊焊接,具体要求应参见维修手册。

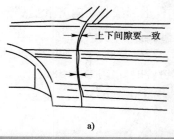
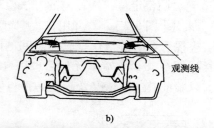

图 6-34 检查车门间隙并作最后一次检查
a)检查车门间隙;b)用目测法检验车身构件间的平行度与对称度

(二)更换承载式轿车车身后翼子板

严重的后端碰撞,以及中度的偏后的侧面碰撞,会导致后翼子板变形严重,应更换,下面介绍其具体步骤。

1.后翼子板的拆卸与分割

首先用卷尺按照需要切割部位的尺寸要求在板上画线,经观察比较无误后,用气动锯进行切割(切割位置一般选择在车顶侧板接近车顶 200mm 左右的地方和车门槛板靠近轮眉 100mm 左右的地方)。切割的断口要比新件安装时的对缝多 20mm 左右的余量。接着用点焊切割器去除焊点,移走旧板。

2.准备工作

主要工作同前挡泥板的更换,需要强调的是,在切割新件与旧件时要确保接头部分应重叠 20 ~ 30mm,如图 6-35 所示。

图 6-35 新件与旧件接头部分应重叠 20～30mm

3.后翼子板的安装与定位

(1)安装后翼子板。将后翼子板按图 6-36b)所示的方法安装到位,用万能夹钳将相邻构件的边缘夹紧,以使后翼子板在多处得到固定。注意:新件落料时的边缘余量不宜留得过大,否则不便于装卡和固定。

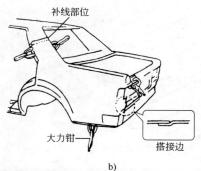

图 6-36 后翼子板的安装与定位
a)定位目标;b)暂装后翼子板

（2）用适配法调整定位。用目测的方法检查：构件的形线是否对齐和后翼子板与车门的间隙是否符合要求[图6-37a)]，并用自攻螺钉将其临时固定[图6-37b)]。在行李舱盖处于关闭状态下，检视后翼子板与行李舱盖之间的间隙和高度是否合适，并用对比法测量、验证窗口的对角线[图6-38a)]，确认无误后也用自攻螺钉临时固定[图6-38b)]。最后装上车身后部的灯具，以验证其适配情况及高度是否与另一侧对称（图6-39）。

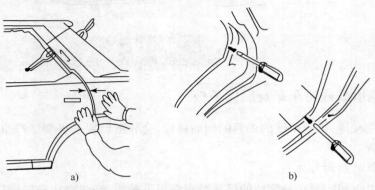

图6-37　调整后翼子板与车门的适配度并加以固定
a) 目测检查；b) 用自攻螺钉固定

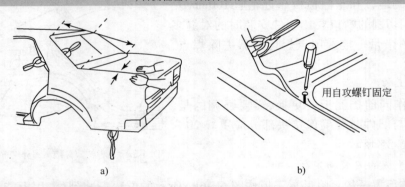

图6-38　调整后翼子板与行李舱盖及后窗的适配度并加以固定
a) 检测后翼子板与行李舱盖及后窗的适配度；b) 用自攻螺钉固定

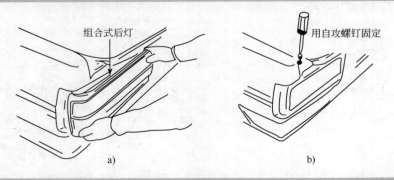

图6-39　安装组合式后灯
a) 预安装后灯；b) 用自攻螺钉固定

(3)临时固定。每进行一项适配作业,都应在构件边缘的适当部位钻孔,而后用自攻螺钉将其临时固定。因为用夹具固定有时不够可靠,适配度的调整也不够方便。

(4)整体适配状况的检视。全部装配完毕后,再进行一次整体适配状况的检视,查看各部间隙、线形以及对称度等,还要检查新件及其与之关联的构件,有否整体弯曲或扭曲等变形现象。在确认构件的安装与适配无疑时,再进入电阻点焊作业阶段。

4. 新后翼子板的分割

为使切割线能与新件的切口相吻合,可用由新件上割下的端头为基准在车身一侧画线切割,切割方法如图 6-40 所示。

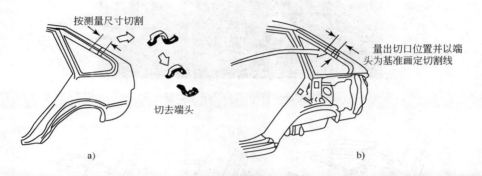

图 6-40 比照新件切口画定切割线
a) 按测量尺寸割下端头;b) 比照新件端头画定切割线

5. 新件焊接

通过调整、固定、检查、验证等项作业,确认新件的尺寸和位置正确无误后,即可转入电阻点焊作业阶段将其焊接就位。另外,要参考维修手册对焊接数目和种类的指示。一般后翼子板的一圈及接缝处先进行点焊,如图 6-41 所示。然后对对缝部位采用气体保护焊的对接焊技术进行焊接,焊后,应将焊缝磨平,如图 6-42 所示。

图 6-41 点焊

具体焊接时要注意以下问题:

(1)焊接顺序。焊接顺序应遵循由中间向两边、先基础件后附属件的原则。使用气体保护焊时,应按图 6-43 所示的程序焊接,以免使焊口局部过热而变形。同时注意,暂焊时应先用万能夹钳固定,然后由中部开始起焊以避免焊接缺陷。

图 6-42　对缝部位的焊接与处理

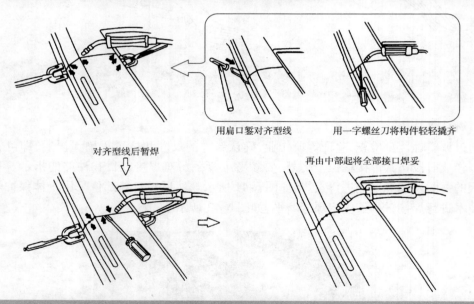

图 6-43　新件的对接焊操作程序

(2)焊接防护。焊接过程中所产生的火花或热影响,会损坏车身涂层、玻璃、装饰件等,应采取相应的保护措施(如遮盖、拆除等)。此外,点焊机地线虚接所产生的电动势,有可能击穿车上的微电子设备,故应确保接地可靠并将车上电源回路断开(如切断总电源或拆下蓄电池的电源线等)。

(3)参数验证。焊接过程中,仍然有必要对那些重要参数进行抽查(测量),使关键要素始终处于受控状态;否则,当竣工验收不合格而需重新拆解时,其损失简直是灾难性的。

(4)焊接标准。焊接对构件的连接强度和汽车的安全性都有很大影响。因此焊接时一定要严格遵守操作规程(图 6-43),要通过谨慎操作来获得优良的焊接质量。

(5)焊缝的修整与处理。焊缝的修整方法主要是砂轮机打磨或锉削。所应注意的事项主要有:对焊缝的光整程度无特别要求的部位(如隐含部位、装饰部位等),仅磨削到表面光滑为止并留有一定的凸起;对于有平面度要求的部位,应磨削适度以免影响车身构件的焊接强度;对那些不便于用砂轮机打磨的部位,可改用带式打磨机或锉削的方法解决。

除了焊前在接合面上涂施防锈剂以外,焊接竣工后还应在焊缝处涂施车身密封剂,以阻止泥水等的渗入使焊缝或金属锈蚀。

涂施前应先将焊缝及其周围清理干净,然后用胶枪按图6-44a)所示的方法沿焊缝施胶。枪嘴的直径应与焊缝相等,涂胶过量时应用手指将其抹平[图6-44b)]。对于有装饰要求的部位,还可先于焊缝两边黏结胶带纸并在施胶后将其揭除,由此使涂胶后的部位更加美观。

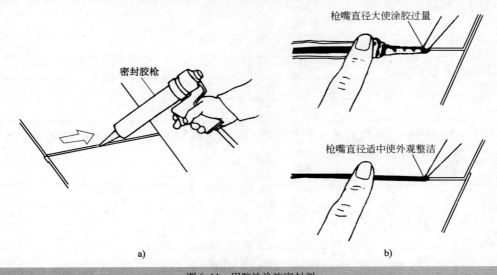

图6-44 用胶枪涂施密封剂
a)从一端开始至另一端;b)胶枪口的直径与缝隙相称

对于图6-45所示的补接或厢式断面构件,由于焊接后原有的防锈涂层已经被破坏,故应按图示方法对准焊缝喷涂防锈剂,最好至流出为止。

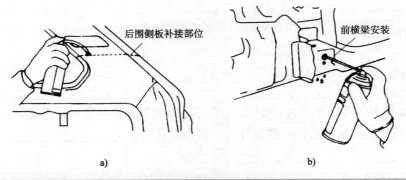

图6-45 对焊缝喷施防锈剂
a)直接将防锈剂喷入;b)利用装配孔将防锈剂喷施到位

三、评价反馈

1. 自我评价

(1) 通过本学习任务的学习,你是否已经掌握以下知识:

①车身钢板分割与更换的施工程序。_____
_____
_____。

②分离焊缝的方法。_____
_____
_____。

③板件定位的方法。_____
_____
_____。

(2) 在车身钢板分割与更换过程中用到了哪些设备和工具?你是否已经掌握了这些设备和工具的正确操作技能?_____
_____
_____。

(3) 实训过程完成情况。
评价:_____
_____
_____。

(4) 工作着装是否规范?
评价:_____
_____
_____。

(5) 能否积极主动参与工作现场的清洁和整理工作?
评价:_____
_____
_____。

(6) 在完成本学习任务的过程中,你是否主动帮助过其他同学?是否和其他同学探讨车身钢板更换的有关问题?具体问题是什么?结果是什么?_____
_____
_____。

(7) 通过本学习任务的学习,你认为哪些方面还有待进一步改善?_____
_____

_____。

签名：_____　　　____年____月____日

2. 小组评价

小组评价见表6-1。

小 组 评 价　　　　　　　　　　　　　　表6-1

序号	评 价 项 目	评 价 情 况
1	学习态度是否积极主动	
2	是否服从教学安排	
3	是否达到全勤	
4	着装是否符合要求	
5	是否合理规范地使用仪器和设备	
6	是否按照安全和规范的规程操作	
7	是否遵守学习、实训场地的规章制度	
8	是否积极主动地和他人合作、探讨问题	
9	是否能保持学习、实训场地整洁	
10	团结协作情况	

参与评价的同学签名：_____　　　____年____月____日

3. 教师评价

_____

_____。

教师签名：_____　　　____年____月____日

学习任务7　车身铝板的修复与更换

学习目标

1. 熟悉金属铝及其合金在车身中应用的目的和意义；
2. 熟悉金属铝及其合金的性能及类型；
3. 熟悉铝合金面板的修复步骤和方法；
4. 熟悉铝合金内板件的连接方式；
5. 能够完成铝合金面板的修理作业；
6. 能够完成铝合金内板件的更换作业。

任务描述

铝合金车身发生碰撞，造成铝合金板变形或破损，汽车钣金维修人员根据维修工单，在汽车钣金维修工位和规定的工时内，以经济的方式，按照车身维修手册的规范要求，完成铝合金板的整形、车身铝合板的切割与更换修理工作。

学习引导

车身铝合金的修复与更换的学习路径：

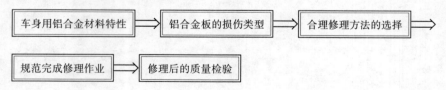

一、相 关 知 识

(一)铝合金简介

1. 汽车上使用铝材的意义

随着汽车技术的飞速发展,汽车制造企业在汽车的结构设计、制造工艺、材料选用等方面进行了大量的研究工作,希望能够研发出安全可靠、节能环保的新型汽车。而在通常情况下,车身的自重大约会消耗70%的燃油,所以,降低汽车油耗研究的首要问题便是如何使汽车轻量化。使汽车轻量化首先应从材料轻型化入手,这样不但可以减轻车身自重、增加装载质量、降低发动机负载,同时还可以大幅减小底盘部件所受的合力,使整车的操控性、经济性更加出色。而有"轻金属"之称的铝合金材料,由于其质轻、耐磨、耐腐蚀、弹性好、刚度和强度高、抗冲击性能优、加工成型性好和再生性高等特点,成为使汽车轻量化的首选材料。铝合金车身汽车也因其节能低耗、安全舒适及相对载重能力强等优点而备受关注。

铝在汽车上的使用呈逐年递增的趋势。局部或整体使用铝材的车型有很多。车身所使用的铝材基本都是合金铝,通过增减合金元素的配比和采用适当的热处理工艺等,使其达到所需性能。对于车身的不同部位、不同构件,所使用铝材的合金成分、种类和热处理工艺也并不相同。如车辆的保险杠骨架、加强梁或侧防撞梁等,所使用的铝材都应具有足够的强度和韧度,在发生碰撞时要有良好的吸能特性;车辆传动系统使用铝合金构件,不但具有足够的强度和韧度,同时还具备良好的导热能力。事实证明,汽车使用铝材确实取得了良好的社会效益和经济效益。

但使用铝合金车身主要也存在如下缺点:

(1)发生交通事故,铝合金车身的维修费用较高。

(2)铝材的熔点较低、可修复性差,维修技师需要使用专用铝车身修复工具及特殊的工艺方法进行修复。

2. 铝合金的特性和分类

1)铝合金的基本特性

(1)铝合金的密度小,仅为钢铁材料的1/3左右,纯铝的密度为$2.68g/cm^3$。

(2)强度高,延性、塑性好,且可以通过热处理改变其力学性能,并具有良好的低温性能。

(3)加工工艺性能好,可铸造、锻造、焊接、轧制、冲压成型,类同于钢。

(4)具有良好的抗蚀性,可以生成致密的氧化膜,即使在酸性介质中也具有良好的耐蚀性。

(5)具有高的弹性,并且无磁、无毒、无火花放电。

(6)易于涂装且表面可以精饰。

(7)可以回收,循环使用,是很好的绿色材料。

(8)具有高的弹性变形性能。

2)铝合金的分类

汽车用铝材皆以铝合金的形式出现,主要类型为传统铝合金和泡沫铝合金。

传统铝合金根据合金元素的含量和加工工艺性能特征可分为铸造铝合金和变形铝合金。

铸造铝合金是指那些通过铸造成型可直接制成零件而使用的合金,但使用之前需经过机械加工。铸造铝合金主要用于制造壳体类零件(离合器壳体、变速器壳体、后桥壳、转向器壳体等)和发动机部件以及保险杠、轮辋、发动机框架、制动钳、制动盘等非发动机部件。

变形铝合金又可称为加工铝合金,必须先铸成锭然后热轧成带坯或用双辊式连续铸轧机制成带坯,再冷轧成板、带、箔,也可以用铸造锭挤压成管、棒、型材或锻压成锻件,用户用这些半成品材料制成各种各样的零部件。变形铝合金主要用于制造保险杠、发动机罩、车门、行李舱盖等车身面板和车身框架、座椅骨架、车厢底板等结构件。

泡沫铝材是一种在金属基体中分布有无数气泡的多孔材料,它可以通过去除夹在铝中的其他物质来获得,如烧结、电镀、铸态渗流法等,也可以在熔融态的铝中产生气泡来制造,如发泡法和气泡法等。这种材料的质量更轻、强重比更高,并具有高的吸能特性、高的阻尼特性和吸振特性;将泡沫铝填充于两个高强度外板之间制成的三明治板材,在用于车身顶盖板时,可提高刚度、轻量化并改善保温性能,用在保险杠、纵梁和一些支柱零件上时,可以增加撞击吸能的能力,在轻量化的同时,提高了撞击安全性;因此,泡沫铝材也是特殊的轻型化材料。

铝合金按合金元素的分类是根据日本的JISH4000标准来划分的,从1000~7000进行的分类,见表7-1。

铝合金的种类和特性 表7-1

合金分类	合金	主要合金成分	抗拉强度(MPa)	特性	用途
非热处理型合金	1000系	Fe、Si、Cu(99%为铝,即纯铝)	50~200	导电性佳,但强度弱	日用品、散热片、罩盖、铭牌、包装、建材、印制板、电线、装饰品、反射板
	3000系	Mn(锰)	100~300	改善了纯铝的强度	日用品、散热片、罐、建材、彩铝
	4000系	Si(硅)	—	因为加入硅,所以抗磨损性佳	活塞、汽缸盖、热交换器、焊条、建材
	5000系	Mg(镁)	100~400	所有非热处理型合金中,强度最强,且焊接性及耐腐蚀性都很好	建材、车辆、船舶、照相机、扣钉、低温油箱、压力容器
热处理型合金	2000系	Cu、Mg(铜、镁)	300~500	强度像钢一样	飞机、汽缸盖、活塞、电位器、油压部件
	6000系	Mn、Si	150~400	强度强、耐腐蚀性佳且具有抗压性	建材、车辆、家具、船舶、家电、照相机、电线、网球拍
	7000系	Zn(锌)、Mn	350~700	强度最强	飞机、车辆、船舶、散热片、垒球棒

3. 车身上常用铝合金简介

用于汽车车身板的铝合金主要有 Al-Cu-Mg(2000 系)、Al-Mg(5000 系)、Al-Mg-Si(6000 系)以及铝基复合材料。

1) Al-Cu-Mg 系(2000 系列)合金

2000 系列铝合金具有良好的锻造性、高的强度、良好的焊接性能,可热处理强化等特点,但它的抗腐蚀性比其他铝合金差。2000 系列铝合金中,2036 合金已广泛用于生产车身板。2036-T4 合金板广泛用于轿车车身外板,如车顶、底板等,取代钢板时,可使外覆盖件减轻 55%~60%。

2) Al-Mg 系(5000 系列)铝合金

5182-O 合金板特别适合于要求用延展方法成型的零部件,有好的冲压成型性能,适合于制造汽车车身内板,使用部位可以在车顶、行李舱盖、地板、空气过滤器和车门等处。

3) Al-Mg-Si 系(6000 系列)合金

6009-T4 的合金板材可成型为汽车覆盖件,成型性能与 5182-O 合金板相近。使用部位包括车顶、行李舱盖、车门、侧围板、挡泥板等。6010-T4 的成型性能与 2036-T4 相似,能提供更高的强度,它的使用部位如车顶、行李舱盖、挡泥板等。

4) 铝基复合材料

金属基复合材料(MMC)是 20 世纪 60 年代诞生的一种材料,它是在连续的金属基体上分布着其他金属或陶瓷等增强体的一种物质。这种材料综合了基体金属和增强体的性能,因而具有单一材料难以达到的优良性能。铝基复合材料质量小,比强度和比模量高,抗热疲劳性能好,耐磨性好,是金属基复合材料中应用最为广泛的一种。

日本住友轻金属工业公司与美国雷诺尔兹铝制品公司共同开发出一种代号为 SG112-T4 A 的车身铝合金复合材料板材,硬度比普通铝板高 1.5 倍,同时也具有良好的冲压加工性。

(二)铝合金车身结构简介

铝合金材料刚开始,主要用于高档车辆的外板件,随着铝合金材料相关技术的不断完善,现用于内板件,甚至出现了全铝车身。奥迪 A8 的全铝车身结构如图 7-1 所示。

图 7-1 奥迪 A8 的全铝车身结构

有部分车型采用前铝后钢的车身结构,比如宝马 5 系车身,如图 7-2 所示。宝马制造了铝钢材料混用的车身结构,其首要原因是基于平衡车身前后配重以提升操控性。宝马 5 系即是钢制车身和铝制车首(主要在发动机舱)的结合体实例,而宝马 X5 仅在车身前半部用上了少数铝合金零件,其整体结构仍为钢制。

图 7-2　宝马 5 系前铝(发动机舱)后钢车身结构

(三)铝合金内板件的黏结和铆接

由于铝合金具有高导热率,由电流和接触电阻产生的热量迅速分散。这意味着点焊不适合用于铝合金板件的焊接,点焊铝合金时,要求有 1 万 A 以上的极大电流,因此必须采用 MIG(熔化极惰性气体保护)焊来焊接铝合金车身板件。

由于在焊接过程中的退火作用,焊接处的强度损失较大。修复后,车辆自身振动和行驶的颠簸会造成焊接处产生裂纹。所以,铝合金车身修复中一般很少采用焊接的方法,而通常是采用黏结或黏结和铆接共用的方式。黏结和铆接方法如图 7-3 所示,铆接工艺的基本流程为:定位→夹紧→确定孔位→制孔→去毛刺→清除切削→涂胶→放铆钉→施铆。

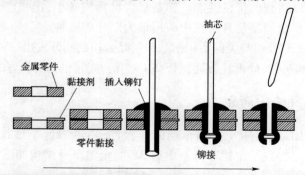

图 7-3　铝合金板黏结和铆接的方法

实施铝板黏结和铆接作业时,除了车身修理作业常用工具外还需要相应的专用工具,见表 7-2。

铝板黏结和铆接的专用工具　　表 7-2

名　称	作　用	图　例
气动拉铆接枪	原厂铆钉的拉铆	

续上表

名　称	作　用	图　例
电动胶枪	用于施涂黏结剂	
黏结剂及黏结工具组件	黏结工具组件用于板件施涂黏结剂之前的清洁处理	

（四）铝合金内板件的更换工艺

铝合金车身板件受到撞击无法恢复时，应采取局部或整体更换的方法进行修复。铝合金内板的切割更换与钢质车身内板件的切割更换的工艺流程是类似的，只是因为板件的连接方式不同而有一定的差异，下面主要介绍与钢板不一致的地方。

1. 分离

分离铝质板件时，可使用切割锯、切割砂轮、錾子等工具，与钢质车身的板件分离没有太大区别，但乙炔—氧气切割在铝合金板件分离时禁止使用。另外，由于铝质车身的铆钉通常是由高强度特殊合金材料（如硼钢）制成，所以铆钉是无法采取传统钻除方法去除的。正确的方法是，在铆钉顶部使用专用焊机焊接介子销钉（不可重复使用），然后用专门的拉拔工具将铆钉拔出。介子销钉焊接前，应对铆钉顶部的漆面进行打磨，在拉拔时，专用工具应与铆钉呈垂直状态。

2. 连接

铝合金车身的构件大部分是通过黏结或黏结和铆接共用的方式连接在一起的。所以，更换铝合金板件应严格按照厂家的技术要求，选用原厂提供的零部件或总成，正确选择切接位置和连接方式。众所周知，在进行钢质车身修复时，常用的连接方式可分为对接、插入件对接和搭接等三种方式。在更换铝质板件时，这三种方式依然适用。不过只有少数的厂家允许采用平接（焊接）方式。

铝合金板件更多的是采用插入件对接和搭接。进行插入件对接时（如纵梁的梁头、下边梁、门立柱），一般也可分为两种方法。一种是板件分离后，将插入件（厂家提供或自制）轻轻敲入，对更换部件精确定位后，在切割线的两侧钻出与铆钉相匹配的孔，然后将插入件取出，在去除毛刺、清洁、除潮湿等准备工作后，使用特制胶枪在外侧均匀涂抹专用黏结剂，再次将插入件放入，测量无误后按照已经钻好的孔，使用专用铆钉进行拉铆即可。另一种方法是在准备切割的直线上间隔钻出铆钉的备用孔，然后沿此直线进行切割分离。将插入件放入并与所要更换板件定位，在已经钻好孔的位置进行重新钻孔，将插入件取出，做好所有的准备工作后打胶，再次将插入件放入，定位后拉铆即可。

在采用搭接方式更换板件时，除常规的方法外，有时为获得足够的强度和满意的视觉效果，特别是一些不适合采用插入件平接的部位，可采用厂家提供并做好预先处理的零部件进行搭接。这种方式在一些比较直观的部位使用较多，如车身的后翼子板等处。

3. 固化

相对于钢质车身修复，铝合金车身板件更换的定位工作更为重要。铝合金车身黏结部位的黏结剂需要较长的固化时间。如果胶在固化后车身尺寸发生了位移或变动，那可以说是灾难性的。所以，测量后必须使用定位夹或通用夹具对更换部件进行定位。

（五）铝合金车身修理应具备的条件和注意事项

1. 铝合金车身修理的硬件需求

（1）铝车身专用气体保护焊和介子机。由于铝的熔点低，易变形，焊接要求电流低，所以必须采用专用的铝车身气体保护焊。介子机也不能像普通介子机一样去点击拉伸，只能采用专用的铝车身介子机焊接介子钉，使用介子钉拉伸器进行拉伸。

（2）专用的铝车身维修工具、强力铆钉枪。与传统事故车维修不同的是，修铝车身大部分采用铆接的维修方法，这就必须要有强力铆钉枪。而且修铝车身的工具一定要专用，不能与修铁材质车的工具混用。因为修完铁材质车工具上会留有铁屑，如再用来修铝车身，铁屑会嵌入铝表面，对铝造成腐蚀。

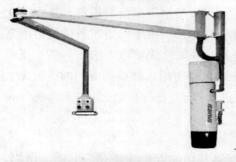

（3）防爆集尘吸尘系统。在打磨铝车身过程中，会产生很多铝粉，铝粉不但对人体有害，而且易燃易爆，所以要有防爆炸的集尘吸尘系统及时吸收铝粉，如图7-4所示。

（4）带定位夹具的大梁矫正仪。铝车身修复常使用换件修理，维修过程中需要黏结、黏结铆接和焊接，首先需要对部件进行定位，如果没有定位，车身技术尺寸很难保证准确，如图7-5所示。

图7-4　多功能供气供电防爆集尘吸尘系统

（5）独立的维修空间。由于铝车身修复工艺要求严格，保证汽车维修质量和维修操作安全，避免铝粉对车间的污染和爆炸，要设立独立的全封闭铝车身维修工位。

（6）对铝车身的维修人员要进行专业的培训，掌握维修铝车身的维修工艺，如何定位拉伸、焊接、铆接、黏结等。

图 7-5　带定位夹具的大梁矫正仪

2. 维修操作中的注意事项

（1）铝合金板材的局部拉伸性不好，容易产生裂纹。如发动机罩内板因为形状比较复杂，在车身制造时为了提高其拉延变形性能采用高强铝合金，延伸率已超过30%。所以在维修时要尽可能地保证形状不突变，以避免产生裂纹。

（2）尺寸精度不容易掌握，回弹难以控制，在维修时要尽可能采用定位固定和加热释放应力等方法使其稳固不会产生回弹等二次变形现象。

（3）因为铝比钢软，在维修中的碰撞和各种粉尘附着等原因使零件表面产生碰伤、划伤等缺陷，所以要对模具的清洁、设备的清洁、环境的粉尘、空气污染等方面采取措施，确保零件的完好。

二、任 务 实 施

（一）铝合金面板的修理

铝合金板的修理方法基本上和在修理钢板时使用手锤和顶铁作业、焊接介子拉拔作业是一样的。修理流程也与钢板基本相同，与钢板维修相比应在以下几个方面改进修理工艺和方法。

(1)铝合金热传导性是普通钢板的4倍，因此在钢板维修中使用的铜极缩火作业在铝合金板上无法实施，应用碳棒对其进行缩火作业。

(2)修理钢板时，必须尽量避免加热，以免降低钢的强度。而修理铝合金板时，必须利用加热的方法来恢复加工硬化时降低的可塑性。如果不加热和温度不到位，当矫正力施加到铝板上时，便会引起受力部位开裂。

注意：加热时，应避免加热过度，导致铝合金板熔化。铝合金板合理的加热维修温度范围为200～300℃。

(3)打磨铝合金板表面时，应特别小心操作。不仅要防止高速旋转的砂轮烧穿柔软的铝合金板，还要防止打磨过程中产生的热量会迅速使铝合金板弯曲。要降低磨削设备的转速，转速过高时会产生润滑效应；并且要注意不得使用粗的磨削颗粒，应使用大于或等于80号的砂纸。

(4)要防止铝合金板的电化学腐蚀。作业时，应选用新砂纸，避免旧砂纸表面的铁屑残留于铝合金板表面；敲击修理前，须彻底清洁手锤和顶铁表面，或将一套工具单独留作铝合金板专用。

1. 损伤分析

如有破裂、穿孔、凹陷在线条上且应力集中、扭曲严重、板与内架分离等情形之一，需更换。确认损伤范围方法与钢板类似，利用视觉、手感直尺测量等方式。

2. 用手锤和顶铁进行捶击修复

使用手锤和顶铁矫平铝合金板变形，与前面介绍过的修复钢板的方法基本相同。但也有一些针对铝合金特点的不同操作要求。

(1)手锤和顶铁敲平操作时，一般采用错位敲击，如果采用对位敲击，因铝合金板的可延展性不及钢板，敲击所导致的表面变形就不容易恢复。而错位敲击对铝板的变形较缓和。为了降低隆起处的高度而用手锤和顶铁敲击时，应避免加重局部的损坏程度。

(2)手锤在顶铁上敲击时，优先使用木锤和橡皮锤，同时注意手锤的力度和次数，敲击太重或次数太多都会使铝合金板受到加工损伤。应该尽量轻敲，循序渐进。

(3)用于修复钢板的收缩锤和收缩顶铁不可用于铝合金板的修复，否则容易使铝合金板开裂和表面受损。

(4)对于铝合金板上出现的小范围凹陷，用尖形锤或杠杆撬起效果很好。但是，应注意不能使凹陷处升高太多，也不能用力过度而拉伸柔软的铝板。

(5)对于面积较大的弹性变形,可使用手锤和匙形铁进行弹性敲击,用以释放隆起变形处的应力。匙形铁将敲击产生的力分散到一个较大的范围,使坚硬的折损处发生弯曲的可能性大为减小。

(6)进行修理时,弯曲变形部位很容易破裂,所以用热风枪加热变形部位是个有效的方法。

3. 焊接介子拉拔法修复

方法与钢板相同,但必须使用专用的铝整形机焊接铝介子对损伤部位进行矫正(图7-6),使用铝整形机在修复到位后,使用专用工具将介子栽焊螺杆齐根剪下,打磨平整即可。焊接介子要注意如下要点:

(1)彻底去除铝合金板上将要焊接铝介子部位的涂层。

(2)需要试焊。

(3)铝介子头部的小触点(图7-7)用于在焊接时产生电弧,因此不能损坏。

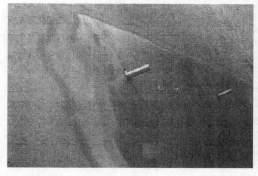

图7-6　铝介子　　　　　　　　图7-7　铝介子头部的小触点

(4)将焊枪垂直于铝板焊接(图7-8)。

(5)由于铝板质软、韧性差,拉拔时应施加缓和的拉力且不宜过大,配备的专用拉拔器如图7-9所示,拉拔方法如图7-10和图7-11所示。

图7-8　垂直焊接　　　　　　　　图7-9　专用拉拔器

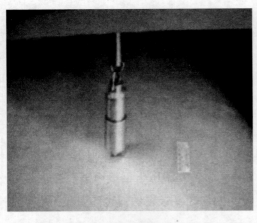

图 7-10 单点拉拔

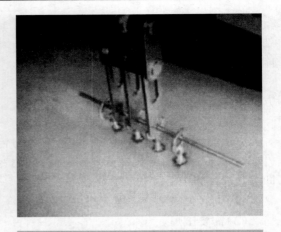

图 7-11 穿轴整体拉拔

(6) 拉拔前做好对损伤部位进行适当加热。

4. 铝合金板的热收缩

1) 加热收缩

在开始矫正前，先用焊炬对受损伤的铝合金板加热。但要注意：由于铝在高温下不会改变颜色，操作不当往往会因加热过度（达到 650℃以上时）熔化，因此对火焰加热的控制十分重要。可以使用加热到 120℃时能改变颜色的热敏涂料或热敏"笔"来观察和控制加热的温度。具体步骤如下：

(1) 磨除旧漆膜。机械打磨加工时，更应特别小心操作。不仅要防止高速旋转的砂轮烧穿柔软的铝合金，还要防止打磨过程中产生的热量会迅速使铝合金弯曲。进行表面打磨时要注意，只能将油漆和底层涂料磨掉，不可磨到金属。打磨 2~3 遍后，用一块湿布使金属冷却再重复操作，以降低打磨温度和防止因热量增加而变形。

(2) 加热温度控制。如果铝合金加热超过 200℃，其特性即会大大改善，但同时其熔化温度仍然保持在 640℃的较低水平。铝合金的另一特性是，即使其温度提高，颜色仍然保持不变，因此容易加热过度。由于上述原因，不得将温度提高到不必要的水平。

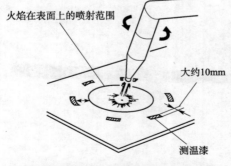

图 7-12 测温漆的位置

用 120℃的热敏涂料或热敏"笔"在加热区域周围，画一个半径 20~30mm 的环状标志，然后开始在加热区域均匀地加热，如图 7-12 所示。

当热敏涂料或热敏"笔"画的标志改变颜色时，应及时停止加热。这时，受热处中心位置的温度在 400~450℃，离铝的熔点还有相当的余量。如果加热温度太高，就可能造成铝合金板的熔化。

(3) 冷却。对于热收缩部位应尽量缓慢冷却，因为快速冷却、收缩会造成铝合金板的变形。

铝合金板修复后表面容易留下粗糙的加工痕迹，一般需要通过锉修使之平滑。由于铝合金较柔软，锉修时应使用柔性锉并轻轻施压，以免刮伤铝合金表面。

2）碳棒收缩

具体方法同钢板维修，要注意铝板容易烧穿，所以需要小心。

5. 修复后的质量检验

为了保证铝合金面板的修理质量，原子灰的厚度应不超过2mm，这就要求在对外部铝合金面板修复时，应最大程度地使其接近原始形状和状态。同时还需保证铝合金面板具有一定的强度，并且没有高点（即压缩区）。

6. 技术标准及要求

车身外形应矫正到位，对于关键控制点要确保误差在3mm以内。另外，还应消除所有由于碰撞变形和修理工作引起的应力。

更换的内板件关键控制点的尺寸误差要求必须在3mm以内，黏结和铆接强度及防锈符合原厂要求。

（二）铝合金内板的切割与更换

下面以某铝合金车身前纵梁前端部分割更换为例，介绍其主要更换步骤。

（1）查找维修手册确定分割线，并用气动锯切割，如图7-13所示。

（2）将切割后的车身侧板件进行敲平、打磨、清洁，做好连接前的准备工作。

（3）在新件上确定好分割线并用气动锯切割，图7-14所示。

（4）装入插入件（图7-15）、新件并做好定位工作，及标志定位线。

（5）拆下新件、插入件，做好清洁工作。在插入件的每个面施涂黏结剂（图7-16），并刮平（图7-17）。

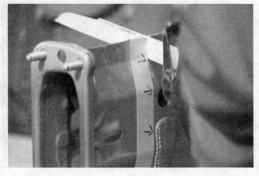

图7-13 确定分割线并切割

图7-14 新件分割

（6）插入插入件、新件，如图7-18所示，并按照前面的定位标志做好定位工作。

图7-15 装入插入件

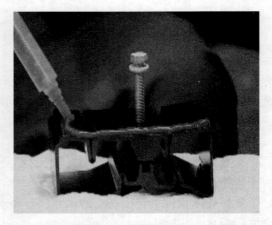
图7-16 插入件施涂黏结剂

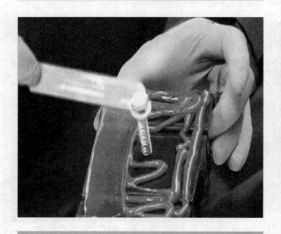
图7-17 黏结剂刮平

图7-18 插入插入件和新件并定位

(7)松开插入件固定螺栓(图7-19),使插入件膨胀与四周接触。
(8)将接缝处溢出的黏结剂刮平。
(9)在接缝两侧钻用于铆接的孔(图7-20),并插入铆钉进行铆接(图7-21)。

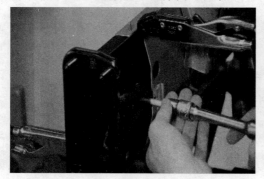
图7-19 松开插入件固定螺栓

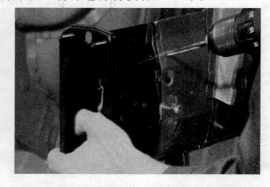
图7-20 在接缝两侧钻孔

（10）拆除插入件上的定位螺钉（图7-22）。

（11）等黏结剂完全固化后，在进行防腐涂装等作业。

图7-21　插入铆钉并铆接

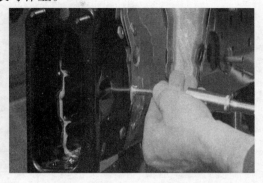

图7-22　拆除插入件上的定位螺钉

三、评价反馈

1. 自我评价

(1) 通过本学习任务的学习,你是否已经掌握以下知识:

① 铝及其合金的性能及类型。_____
_____。

② 变形铝合金的成分代号。_____
_____。

③ 车身铝板整形及注意事项。_____
_____。

④ 车身铝板的惰性气体保护焊。_____
_____。

⑤ 车身铝板的铆接工序。_____
_____。

⑥ 车身铝板的更换作业。_____
_____。

(2) 实训过程完成情况。
评价:_____
_____。

(3) 工作着装是否规范?
评价:_____
_____。

(4) 能否积极主动参与工作现场的清洁和整理工作?
评价:_____
_____。

(5) 在完成本学习任务的过程中,你是否主动帮助过其他同学?并和其他同学探讨中涂漆层的有关问题?具体问题是什么?结果是什么?_____
_____。

(6)通过本学习任务的学习,你认为哪些方面还有有待进一步改善?_____
_____。

签名:_____ ____年____月____日

2. 小组评价

小组评价见表7-3。

小 组 评 价　　　　　　　　　　表7-3

序号	评价项目	评价情况
1	学习态度是否积极主动	
2	是否服从教学安排	
3	是否达到全勤	
4	着装是否符合要求	
5	是否合理规范地使用仪器和设备	
6	是否按照安全和规范的规程操作	
7	是否遵守学习、实训场地的规章制度	
8	是否积极主动地和他人合作、探讨问题	
9	是否能保持学习、实训场地整洁	
10	团结协作情况	

参与评价的同学签名:_____　____年____月____日

3. 教师评价

_____
_____。

教师签名:_____ ____年____月____日

学习任务 8　车身塑料件的黏结修理

学习目标

1. 能够正确叙述车用两种塑料的区别，能够正确鉴别两种塑料；
2. 知道塑料使用的注意事项；
3. 知道双组分黏结剂的使用方法和塑料的黏结方法；
4. 正确完成一个典型车身塑料件的黏结修理过程。

任务描述

一辆轿车前端发生碰撞，造成塑料保险杠不同程度受损，汽车钣金维修人员根据维修前台接待提供的维修工单，在汽车钣金维修工位，使用黏结的方法，在规定的工时内，以经济的方式，按照车身维修手册的规范要求，完成车身塑料件除涂装以外的所有修理工作。

学习引导

塑料件黏结修理的学习路径：

判断车身塑料件的类型 → 观察车身塑料件损伤程度 → 制订合理的修理方法 → 规范完成修理作业

一、相关知识

塑料是一种高分子的合成材料,塑料与钢铁相比具有强度高而质量轻、耐腐蚀性极强、易于着色、具有一定的装饰性、容易加工等特点。塑料在现代汽车上的使用量越来越多,如汽车的前后保险杠、内外装饰件、导流板、车身围板及高强度的结构件、零件等。

(一)塑料的种类

尽管塑料是一种分子结构非常复杂的合成材料,但根据其特性可分为热固性塑料和热塑性塑料两大类。

1. 热塑性塑料

热塑性塑料可通过加热使其软化,冷却后又可硬化成型,且不改变化学结构,可以被反复的变软和重塑形状。因而,利用热塑性塑料的这一特性可制作出各种形状的构件、装饰件等,如保险杠面板、车身导流板、装饰条、前导风口等。这类塑料件损坏后还可通过黏结和焊接的办法进行修复,其缺点是受热易变形,经不起高温烘烤。

2. 热固性塑料

热固性塑料在受热初期具有一定的可塑性,但随着继续加热,塑料中的树脂与催化剂反应生成新的成分而硬化(膨胀明显)。硬化后再加热,将不再软化。因此,这类塑料用于一次成型而不需修复的零件,且这类塑料也不能进行焊接修理。如玻璃钢车身面板、镀铬装饰板、灯罩、倒车镜壳等。

汽车上常用塑料件的 ISO 识别码、化学名称及用途见表 8-1。不同类型塑料件在汽车上的使用部位如图 8-1 所示。

塑料件的 ISO 识别码、化学名称及用途   表 8-1

ISO 识别码	化 学 名 称	应 用 举 例	属性
AAS	丙烯腈-丙乙烯-丙烯酸橡胶	饰板、边灯、车门、外后视镜	热塑
ABS	丙烯腈-丁二烯-苯乙烯	格栅、饰板模压件、车身护板、前照灯外罩热塑	热塑
ABS/MAT	玻璃纤维强化硬质丙烯腈-丁二烯-苯乙烯共聚物	车身护板	热固
ABS/PVC	ABS/聚氯乙烯		热塑
AES	丙烯腈-乙烯橡胶-苯乙烯	格栅	热塑
EP	环氧树脂	玻璃纤维车体板	热固
EPDM	乙烯-丙烯压铸单体	保险杠防撞条、内饰板	热固
PA	聚酰胺(尼龙)	外部装饰板	热固
PC	聚碳酸酯	仪表板、护栅、透镜	热固
PE	聚乙烯	内翼子板、内衬板、阻流板、窗帘框架	热塑
PP	聚丙烯	仪表板、内部镶条、翼子板、格栅、膨胀水箱	热塑
PPO	聚苯撑氧	镀镉塑料件如格栅、前照灯框架等	热固
PS	聚苯乙烯		热塑

155

续上表

ISO识别码	化学名称	应用举例	属性
PUR	聚氨酯	保险杠面罩、前后车身板	热固
PVC	聚氯乙烯	内饰品、软垫板	热塑
RIM	反应注模聚氨酯	保险杠面罩	热固
R RIM	增强的RIM-聚氨基甲酸乙酯	车身外板	热固
SAN	苯乙烯-丙烯腈	内饰板	热固
TPO	热塑性聚烯烃	挡泥板	热塑
TPR	热塑橡胶	窗帘框架板、加水口盖、挡泥板	热塑
TPU	热塑性聚氨酯	保险杠面罩、软质仪表板	热塑
TPUR	聚氨基甲酸乙酯	保险杠盖、砾石挡板、垫板、软仪表玻璃框	热塑
UP	聚酯	挡泥板	热固

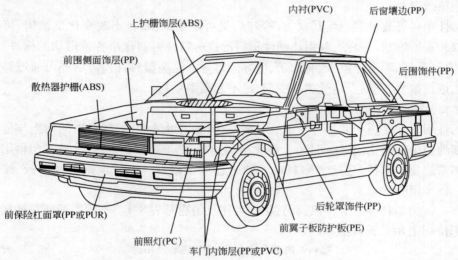

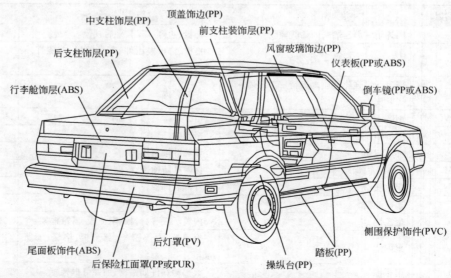

图8-1 不同类型塑料件在汽车上的使用部位

(二)塑料的鉴别

在决定采用什么修理方法前,鉴定塑料的种类至关重要,否则修理可能失败。不同品牌的汽车在同一部位使用的塑料可能不同,即使品牌相同但不同年代生产的汽车使用的塑料也可能不同,因此推荐使用下面的鉴别方法:

(1)查看塑料件上的 ISO 识别码(表 8-1),并与说明书或维修手册的字符进行对照,以确定塑料的种类。ISO 识别码一般模压在塑料件的背面。

(2)如果塑料件上没有 ISO 识别码,应参考制造厂通过的塑料指南或查阅相应车型的维修手册,这些手册通常每年修订两次,因此需注意其出版年月。

(3)试焊鉴别法。此法只适合于热塑性塑料。采用几种不同的塑料焊条,在零件的损坏或隐蔽处进行试焊。如果焊条能与塑料件焊和,则塑料的类型与焊条相同。

(4)燃烧法或烟测法。不同塑料具有不同的燃烧特性,且有的塑料在燃烧时还会释放出特殊的气味。但这种鉴别塑料的方法通常不提倡,因为既不安全又污染环境。表 8-2 列出了几种通用塑料的燃烧特性。

几种通用塑料的燃烧特性   表 8-2

塑料名称	燃烧特性
PP(聚丙烯)	燃烧时无烟产生,即使火源移开,仍继续燃烧,产生类似蜡烛燃烧时的气味,焰心呈蓝色,外焰呈黄色
PE(聚乙烯)	燃烧时有无烟的火焰,即使火源移去,仍继续燃烧,产生类似蜡烛燃烧时的气味,焰心呈蓝色,外焰呈黄色
ABS	燃烧时产生浓重的烟,即使火源移去仍继续燃烧,火焰呈橘黄色
PVC	试图点燃时,只是发黑而不燃烧,产生灰烟及酸味,火焰底部呈蓝色
TPUP(热塑性聚氨酯)	燃烧时产生啪啪声,火焰呈橘黄色,并产生黑烟
PUR(热固性聚氨酯)	不产生火焰

当然,能够熟悉不同类型塑料在汽车上的使用部位(图 8-1),也不失为一种较好的鉴别方法。

如果仅仅是为了区别热固性塑料和热塑性塑料,一个简单的方法是:将一加热源放到距塑料件约 25mm 处约 10s 时间,如果材料变软则是热塑性塑料。

(三)塑料的修理方法

塑料件的修理方法有两种:黏结法和焊接法。由于不是所有的塑料都可焊接,因此黏结的修理方法相对来说更广泛一些,除少数情况外都可使用黏结剂对塑料进行黏结修理。

一般来说,热固性塑料损坏后不宜进行修理而是更换,但对于小的损坏(如裂纹)也可进行简单的黏结。通常需要修理的是热塑性塑料。表 8-3 给出了塑料件的使用注意事项和修理方法。

塑料件的使用注意事项和修理方法　　　　　　　　表 8-3

ISO 识别码	耐热温度（℃）	抗酒精或汽油性能	注 意 事 项	修 理 方 法
AAS	80	短时间内少量酒精无害（如快速擦拭表面油脂）	避免用汽油、有机溶剂、芳香溶剂	热空气焊接、厌氧（速溶）黏结、玻璃纤维修理、无空气焊接
ABS	80	短时间内少量酒精无害（如快速擦拭表面油脂）	避免用汽油、有机溶剂、芳香溶剂	化合物修补、无空气焊接
ABS/MAT				
ABS/PVC				
AES	80	短时间内少量酒精无害（如快速擦拭表面油脂）	避免用汽油、有机溶剂、芳香溶剂	
EPDM	100	酒精无害、短时间内少量汽油无害	大多数溶剂无害，但要避免浸渍在汽油、溶剂里	
PA	80	酒精、汽油无害	避免蓄电池酸	厌氧（速溶）黏结、玻璃纤维修理、无空气焊接
PC	120	酒精无害	避免汽油、制动液、蜡、除蜡剂及有机溶剂	厌氧（速溶）黏结、玻璃纤维修理、无空气焊接
PE	80	酒精、汽油无害	大多数溶剂无害	热空气焊接、无空气焊接
PP	80	酒精、汽油无害	大多数溶剂无害	热空气焊接、无空气焊接
PPO	100	酒精无害	用汽油快速擦拭油脂无害	玻璃纤维修理、无空气焊接
PS	60	短时间内少量酒精无害（如快速擦拭表面油脂）	避免浸渍在酒精、汽油和溶剂里	厌氧（速溶）黏结
PUR	80	短时间内少量酒精无害（如快速擦拭表面油脂）	避免浸渍在酒精、汽油和溶剂里	黏结剂修理、无空气焊接
PVC	80	短时间内少量酒精和汽油无害（如快速擦拭表面油脂）	避免浸渍在酒精、汽油和溶剂里	化合物修补、无空气焊接
RIM				黏结剂修理、无空气焊接
R RIM				黏结剂修理、无空气焊接
SAN	80	短时间内少量酒精无害（如快速擦拭表面油脂）	避免浸渍在酒精、汽油和溶剂里	热空气焊接、无空气焊接
TPO	80	酒精无害，短时间内少量汽油无害（如快速擦拭表面油脂）	大多数溶剂无害，但要避免浸渍在汽油和溶剂里	黏结剂修理、无空气焊接
TPR				黏结剂修理、无空气焊接
TPUR	60	短时间内少量酒精无害（如快速擦拭表面油脂）	避免浸渍在酒精、汽油和溶剂里	黏结剂修理、无空气焊接
UP				玻璃纤维修理

塑料在黏结或焊接之前的表面准备工作和清理极为重要,因为塑料制品的特点是结晶度大、表面光滑、张力小、湿润性差,这对塑料件的黏结和焊接都极为不利。

针对不同的塑料类型,可从下列的表面处理方法中选择一种或多种并用:

(1)对黏结部位进行脱蜡、脱脂处理。将具有脱蜡脱脂功能的溶剂(塑料清洁剂)浸湿在布上进行擦拭,彻底清除黏结部位上的污物。

(2)对于裂纹、穿孔部位的黏结,应该使用粗砂轮(36号)打磨坡口,增大黏结面积,同时粗糙的表面也有利于黏结。如果在打磨时出现滑腻现象(表面熔化而变的光滑),可涂黏结促进剂(可将光滑的塑料表面刻蚀呈多孔结构或对塑料表面进行火化改性——对塑料表面的化学处理)。

(3)对需要黏结的部位进行火焰处理。采用富氧火焰如汽油喷灯、煤气氧化焰、气焊中的氧化焰等烧烤塑料表面,通过表面氧化降解反应达到表面改性和活化的目的;另外,热量可消除塑料的内应力。

(四)黏结材料

有两种黏结剂可供选用,一种是氰基丙烯酸酯黏结剂,一种是双组分黏结剂。

氰基丙烯酸酯黏结剂有时称为超级胶,一般不推荐使用,因为其主要的缺点是经不起日晒雨淋,因而不能保证修理件耐用。

双组分黏结剂有环氧树脂和氨基甲酸乙酯两种,所谓双组分是指由主料和固化剂混合均匀才能使用的黏结剂。平时主料和固化剂在使用前分别装在两个管中,使用时再按比例混合均匀(混合比例一般为1:1)。

无论使用何种黏结剂都应注意以下问题:

(1)制造厂商提供的黏结剂产品系列通常包含两种或更多的类型,适用于不同的塑料种类。

(2)产品系列通常包括黏结促进剂、填料及软涂料。

(3)有些产品系列是为特定基体材料进行配方的,使用前最后查阅相关的说明书。

(4)在产品系列中,可能有适合各种塑料的软填料,也可能为不同的塑料提供两种或更多的填料。

二、任务实施

车身塑料件的划痕和裂纹通常用黏结的方法进行修理。塑料件完整的修理步骤如图 8-2 所示,图中从第 5 步开始属于涂装工修理的工作。

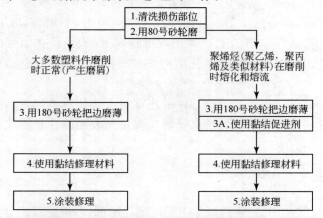

图 8-2　完整的车身塑料件修理步骤

1. 划痕及裂纹的修复

划痕和裂纹按照下列的步骤进行维修:

(1)施工前的准备。穿戴好必要的劳动保护用品,包括衣帽、眼镜、防尘口罩、防毒面具、乳胶手套、防滑手套等。准备好施工用的工具和材料。

(2)塑料鉴别。分清塑料件的类型,以便确定在修理过程中是否需要使用黏结促进剂。

(3)用水和塑料清洁剂把黏结部位上的蜡、油脂及其他污物清除干净。

(4)在黏结前,应将塑料加热至 20℃ 左右。

(5)在裂纹的一侧涂敷黏结促进剂,在裂纹的另一侧涂敷一层黏结剂。

(6)将划痕或裂纹两侧对好,迅速压紧,约 1min 后即可获得良好的黏结效果。

(7)进行涂装修理。

2. 撕裂、穿孔的修复

对于氨基甲酸乙酯塑料件和聚烯烃类塑料件的撕裂、穿孔等小损伤,修理步骤基本相同,不同之处在于聚烯烃类塑料件在修理过程中要使用大量的黏结促进剂。修理步骤如下:

(1)施工前的准备。穿戴好必要的劳动保护用品,包括衣帽、眼镜、防尘口罩、防毒面具、乳胶手套、防滑手套等。准备好施工用的工具和材料。

(2)塑料鉴别。分清塑料件的类型,以便确定在修理过程中是否需要使用黏结促进剂。

(3)用肥皂和水清洗塑料件,吹干或擦干,然后用塑料清洁剂对黏结部位进行脱蜡、脱脂处理。

(4)用 36 号砂轮在撕裂、穿孔的边沿打出 6~9mm 宽度的坡口。如果打磨时出现滑腻现象,说明该塑料是聚烯烃类,可涂敷(喷涂)一层黏结促进剂,待其干燥后继续打磨。

(5)打磨羽状边,如图 8-3 所示。用 P180 号砂纸将裂纹或穿孔周围的面漆打磨出羽状边,要求仅仅打磨面漆而不要打磨塑料,要求在裂纹的周围 3~4cm 的范围内没有油漆(图 8-4),以保证后序涂敷的黏结剂不会黏在油漆上。

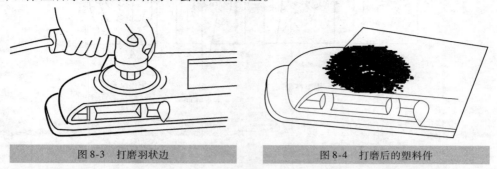

图 8-3 打磨羽状边　　　　图 8-4 打磨后的塑料件

(6)对黏结部位进行火焰处理,改进黏结性能。可用喷灯火焰在坡口处不断移动,使坡口表面出现棕色为止,如图 8-5 所示。火焰处理时一定要注意,不使塑料及油漆出现变形或烧焦。

(7)用塑料清洁剂清除黏结部位背面上的蜡、油脂等,然后贴上带有黏结剂的铝箔胶带,将孔完全覆盖住,目的是保证黏结剂不会从反面漏出,如图 8-6 所示。

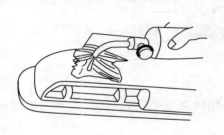

图 8-5 塑料件的火焰处理　　　　图 8-6 用铝箔胶带封住孔的背面

(8)在打磨好的修理部位涂上黏结促进剂,使其全干。如果是氨基甲酸乙酯塑料件,本步骤省略。

(9)在一块玻璃板上分开挤出等量的黏结剂和固化剂,如图 8-7 所示,注意不要将固化剂直接挤在黏结剂上。

(10)用塑料软刮板、采用与混合原子灰相同的手法(图 8-8)将黏结剂和固化剂充分搅拌均匀,尽快使用(混合好的黏结剂在 2~3min 内会固化)。

(11)使用刮板分两次把混合好的黏结剂填充到孔洞中,且填充动作要快,如图 8-9 所示。

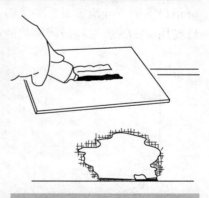

图 8-7 取用黏结剂和固化剂

(12)迅速清洁工具,一旦黏结剂干燥则工具很难清理干净。

(13)固化 1h,或用烤灯在 80℃下烘烤 15min,使黏结部位完全干燥。

(14)然后用 P180 砂轮或打磨块磨平表面,如图 8-10 所示。

(15)再次调和黏结剂,使用刮板对黏结部位进行刮平整形。待黏结剂完全固化后,依次使用 P80、P180、P240 砂纸进行粗打磨和细打磨。若出现针孔或高低不平,可用腻子填平。

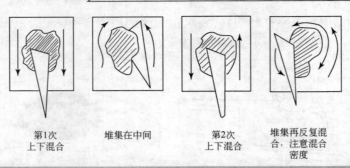

第1次　　　堆集在中间　　第2次　　　堆集再反复混
上下混合　　　　　　　　上下混合　　合，注意混合
　　　　　　　　　　　　　　　　　　密度

图8-8　混合黏结剂和固化剂

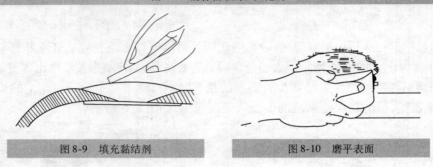

图8-9　填充黏结剂　　　　　图8-10　磨平表面

（16）进行涂装修理。

3. 结构性损伤的修复

塑料件出现较大的断裂或破裂（图8-11），其结构强度会受到影响，按下列步骤对其进行修理：

（1）施工前的准备。穿戴好必要的劳动保护用品，包括衣帽、眼镜、防尘口罩、防毒面具、乳胶手套、防滑手套等。准备好施工用的工具和材料。

（2）塑料鉴别。分清塑料件的类型，以便确定在修理过程中是否需要使用黏结促进剂。

（3）使用夹子或胶带将破损部位的正面按原有的尺寸固定好，如图8-12所示。

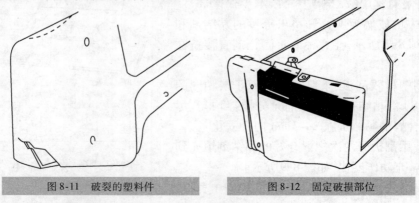

图8-11　破裂的塑料件　　　　图8-12　固定破损部位

（4）用塑料清洁剂对破损部位的反面进行脱蜡、脱脂处理。

（5）用36号砂轮打磨破损部位的反面及边缘，如图8-13所示，必要时可沿裂口打出6～9mm宽度的坡口。如果打磨时出现滑腻现象，可涂敷（喷涂）一层黏结促进剂。

（6）剪下一片比破损区域大40mm的玻璃纤维布，如图8-14所示。

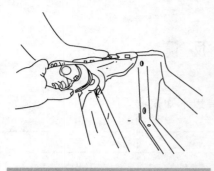
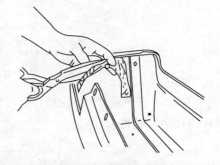

图 8-13　打磨破损部位的反面　　　　图 8-14　剪下一片玻璃纤维布

(7) 用塑料清洁剂清除打磨部位的蜡、油脂等，必要时可涂抹黏结促进剂。
(8) 混合足够的双组分黏结剂，在打磨区涂抹约 3mm 厚的黏结剂，如图 8-15 所示。
(9) 将玻璃纤维布覆盖在黏结剂上，用塑料刮板将其压入黏结剂中，并使玻璃纤维布填入沟缝中，如图 8-16 所示。

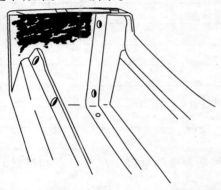
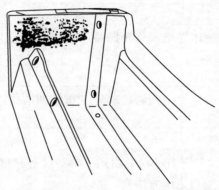

图 8-15　打磨区涂黏结剂　　　　图 8-16　将玻璃纤维布覆盖在黏结剂上并压实

(10) 继续使用足够多的黏结剂涂敷在玻璃纤维布的表面，要求完全填充缝隙和沟槽，如图 8-17 所示。
(11) 迅速清洁工具，一旦黏结剂干燥则工具很难清理干净。
(12) 等待黏结剂在室温下硬化约 30min，然后去除夹子或胶带。
(13) 修理断裂部位的正面。重复步骤 (4)~(11)，如果没有必要，也可以不使用玻璃纤维布，而是直接使用黏结剂填充正面。

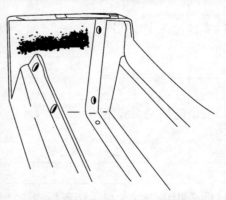

图 8-17　在玻璃纤维布的表面涂敷黏结剂

(14) 待黏结剂完全固化后，依次使用 P80、P180、P240 砂纸对零件的正面进行粗打磨和细打磨。若出现针孔或高低不平，可用腻子填平。
(15) 进行涂装修理。

三、评 价 反 馈

1. 自我评价

(1) 通过本学习任务的学习,你是否已经掌握以下知识:

① 塑料的种类及特性。_____
_____
_____。

② 塑料的鉴别方法。_____
_____
_____。

③ 使用黏结剂修理划痕、裂纹的程序。_____
_____
_____。

④ 使用黏结剂修理撕裂、穿孔的程序。_____
_____
_____。

⑤ 使用黏结剂和玻璃纤维布修理结构性损伤的程序。_____
_____
_____。

(2) 在施工过程中用到了哪些设备和材料?你是否已经掌握了这些设备和材料的正确操作技能和使用方法?_____
_____
_____。

(3) 实训过程完成情况。
评价:_____
_____
_____。

(4) 安全防护是否规范?
评价:_____
_____
_____。

(5) 能否积极主动参与工作现场的清洁和整理工作?
评价:_____
_____
_____。

(6) 在完成本学习任务的过程中,你是否主动帮助过其他同学?是否和其他同学探讨学

习中的有关问题？具体问题是什么？结果是什么？_____
_____。

（7）通过本学习任务的学习，你认为哪些方面还有待进一步改善？_____
_____。

          签名：_____   ____年____月____日

2．小组评价

小组评价见表8-4。

小组评价   表8-4

序号	评价项目	评价情况
1	学习态度是否积极主动	
2	是否服从教学安排	
3	是否达到全勤	
4	着装是否符合要求	
5	是否合理规范地使用仪器和设备	
6	是否按照安全和规范的规程操作	
7	是否遵守学习、实训场地的规章制度	
8	是否积极主动地和他人合作、探讨问题	
9	是否能保持学习、实训场地整洁	
10	团结协作情况	

      参与评价的同学签名：_____ ____年____月____日

3．教师评价

_____
_____。

        教师签名：_____ ____年____月____日

学习任务9　车身塑料件的焊接修理

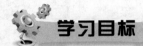

1. 能够正确叙述塑料的焊接原理和特点；
2. 知道热空气塑料焊机使用方法；
3. 知道塑料焊接的要点；
4. 正确完成一个典型车身塑料件的焊接修理工作。

一辆轿车发生碰撞，塑料件破损有较大的裂缝，汽车钣金维修人员根据维修前台接待提供的维修工单，在汽车钣金维修工位，使用塑料焊接的方法，在规定的工时内，以经济的方式，按照车身维修手册的规范要求，完成车身塑料件除涂装以外的所有修理工作。

塑料件焊接修理的学习路径：

判断车身塑料件的类型 ➡ 观察车身塑料件损伤程度 ➡ 制订合理的修理方法 ➡ 规范完成修理作业

一、相 关 知 识

塑料焊接只是针对热塑性塑料,而热固性塑料是不可焊接的,这是塑料焊接修理前必须明确的一点。

(一)塑料的焊接原理及特点

由于塑料的特性与钢铁不同,因此其焊接原理和特点也不同。

塑料焊接是利用热量把塑料基料和焊条加热或单独把焊条加热至熔融状态后使之连接(黏结)在一起。塑料的焊接特点是:因塑料的导热性极差,使其在焊接过程中很难保持热量的均匀性。加热时,塑料的表面已经软化而表层下面没有,若继续加热,可使塑料的软化幅度加大,但表层已经烧焦。因此,塑料焊接都是采用非明火加热,如热空气加热焊接、无空气加热焊接、超声波焊接等。

钢铁焊接是金属和焊条互熔冷却后连接在一起的,而塑料焊接只是在熔融状态下黏结在一起,所以其焊接强度远不如钢铁焊接。

塑料焊接时,为了达到好的结合力,对塑料焊条要施加压力。操作特点是一手加热焊条,另一手给焊条施加压力。

(二)热空气塑料焊接设备

1. 焊接设备

热空气塑料焊接是利用加热元件把一定压力的空气加热到 230~340℃ 后,通过喷嘴喷到塑料上。典型的热空气塑料焊机及各种焊嘴如图 9-1 所示。焊接时,可根据需要选择不同的焊嘴。

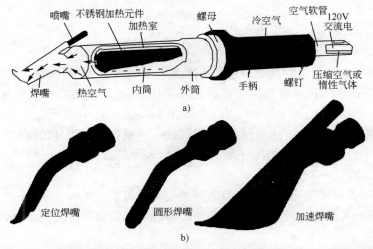

图 9-1 热空气塑料焊机及各种焊嘴
a)塑料焊机的组成;b)焊嘴的类型

(1)定位焊嘴。主要用于断裂板件或长的焊缝在真正焊接前的定位焊。进行定位焊时,必须将断口对准、固定,不使用焊条,而是将喷嘴头压紧在断口底部,使两侧板件同时熔化形成定位焊点。必要时,还可断开重新进行定位。

(2)圆形焊嘴。焊接速度较慢,比较适合小型件和复杂件上短焊缝的焊接,尤其适合焊填小的孔洞,以及尖角部位和难以靠近部位的焊接。

(3)加速焊嘴。主要用于长而直的焊缝。加速焊嘴夹持着焊条,并对焊条和焊件进行预热。一旦开始焊接,焊条自动进入预热管,由焊嘴端部的尖形加压掌(导门板)向焊条施加压力,所以用一只手就可完成操作,热量和压力均衡,而且焊缝更加均匀一致,焊接速度也提高很多,平均速度可达1 000mm/min。

2. 热空气塑料焊机的使用规则

不同的设备制造商提供的热空气塑料焊机不会完全相同,因此关于焊机调整、停机、使用程序最好查看设备制造商的使用说明书,下面给出的是一般的使用规则。

(1)选择和安装焊嘴。根据需要选择好焊嘴,并将焊嘴安装到焊机上。

(2)接通气源。将气源、压力调节器及软管与焊机连接,初始压力应根据焊机的功率而定,或参考制造商的说明书。

(3)通电预热。在推荐的气压下预热焊机,切记在气体流动的状态下预热焊机,否则可能烧坏焊机。

(4)试温及调整。将一个温度计放在距焊枪末端约6mm处检查焊枪的温度。热塑性塑料的焊接温度一般为204~399℃,如果温度过高,可加大空气流量(或压力),直至温度降到要求值;如果温度过低,可降低空气压力。

(5)焊接结束后,先断电源,利用流动的冷空气对焊枪进行冷却,待焊枪能用手触摸时,再行断气。如果操作顺序错误,将会损坏焊枪。

3. 热空气塑料焊机的维护

维护工作应参考制造商的说明书,有些制造商不允许用户自行拆卸设备,否则质保失效。

(三)塑料焊接要点

(1)塑料焊条的选用。塑料焊条通常采用颜色编码表示,但各制造厂的编码不同,使用时应参阅制造厂提供的技术资料。如果没有成品焊条,可从同类型报废的塑料件上割下一条作为焊条。

(2)选择焊缝形式。为了达到预订的焊接强度,应根据塑料板件的厚度打好坡口。焊缝形式一般为V形或X形,较薄的板件开V形坡口,较厚的板件开X形坡口。对于较深的坡口,需多次焊接,如图9-2所示。

(3)焊接前,要清理干净焊接处的打磨残屑及灰尘等。

(4)控制好焊接温度。若温度过高,会使塑料烧焦或扭曲;焊接温度过低,则会使焊接强度降低。

(5)掌握正确的焊接速度。若焊接的速度过快,会使塑料的熔融程度不足而降低焊接强度。但焊接的速度若过慢,也会使塑料变形甚至烧焦。

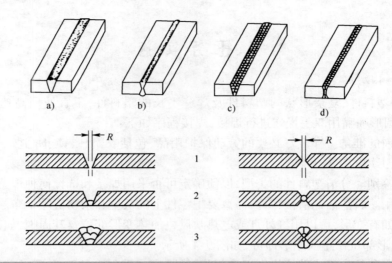

图9-2 坡口形式
a)单V单珠对接;b)双V单珠对接;c)单V多珠对接;d)双V多珠对接
1-焊接准备;2-第一道焊缝;3-焊接完成;R-焊缝间隙

(6)给焊条施加合适的压力。若压力过大,会使焊缝变宽且扭曲,或在焊条未达到熔融程度已嵌入焊缝,造成焊接不牢固。但压力过小有会使焊缝的接触面积变小,焊接强度降低。

二、任务实施

1. 手工塑料焊接

对于小型塑料件、复杂形状的塑料件及焊缝不长的塑料件,不宜使用高速喷嘴进行焊接,而是使用圆形喷嘴用双手操作进行焊接,焊接程序如下:

(1)施工前的准备。穿戴好必要的劳动保护用品,包括衣帽、眼镜、防尘口罩、防滑手套等。准备好施工用的工具和材料。

(2)塑料鉴别。分清塑料件的类型,以便确定可否采用焊接和选择何种焊条。

(3)用专用塑料清洁剂清洁零件,注意要把零件上的灰尘和杂物清除干净。

(4)塑料如有变形,可以用红外灯或电热吹风机加热变形部位及其周围,如图9-3所示,然后用手将变形部位修正回原形即可,如图9-4所示。

(5)使用锋利的小刀或砂轮机在损伤部位开坡口为60°左右的V形槽,如焊件较厚则开X形槽,坡口宽度约6mm,如图9-5所示。

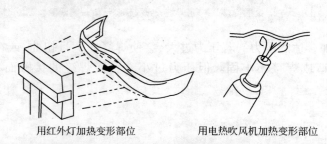

用红外灯加热变形部位　　用电热吹风机加热变形部位

图9-3　加热变形部位

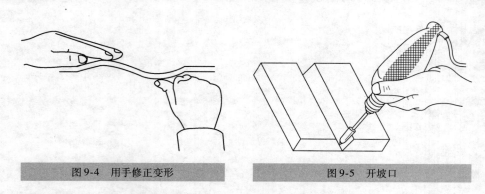

图9-4　用手修正变形　　图9-5　开坡口

(6)用干净的布擦去坡口处的塑料碎屑,注意不要使用塑料清洁剂清理。

(7)用夹子、车身胶带或定位焊将断裂处对齐并固定好。

(8)选取最适合该类型塑料及损坏状况的焊条,可选择成品焊条或从同类型报废的塑料件上割下一条作为焊条。

(9)选择圆形喷嘴并将其安装到焊枪上。

(10)接通压缩空气,并将气压调整到焊枪规定的压力。

(11)插上电源插头,开始预热焊枪。然后将温度计放在距喷嘴6mm处检查热空气的温度,焊接的温度范围应为204~399℃,如温度不在此范围,应进行调节。

(12)起焊(图9-6)。一手拿焊枪,另一手持焊条,使焊条与母材成90°夹角,摆动焊枪喷嘴以便同时加热焊条与母材,直到它们发亮、发黏,充分加热,使焊条和零件熔融在一起。

(13)连续焊接。采用扇形轨迹移动喷嘴来对焊条和母材进行持续加热,以保证两者的加热程度一致,同时将焊条压入坡口以生成连续的焊缝,如图9-7所示。

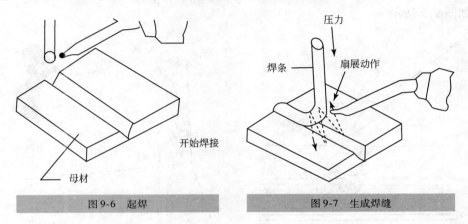

图9-6 起焊　　　　　　图9-7 生成焊缝

(14)完成焊接。当达到焊接末端时,停止几秒后移开喷嘴,并继续保持对焊条施压几秒。

(15)断开焊枪的电源,等待一会儿后再关闭气源。

(16)冷却焊缝。焊完后冷却硬化30min左右。

(17)打磨修整。先用锋利的刀具切割多余的塑料,再用砂轮机配合P80、P180、P240砂纸依次进行打磨,直至达到后道工序的施工要求。

(18)进入涂装工序。

2. 快速塑料焊接

对于狭长的、较为平坦的裂缝,可采用快速焊接,其特点是使用快速焊嘴,对焊条和母材在焊接前先进行预热;焊条的进给、施压和加热均由焊枪一次完成。

快速焊接的操作程序与手工塑料焊接基本相同,不同在于起焊与完成后的操作,具体程序如下:

(1)施工前的准备。穿戴好必要的劳动保护用品,包括衣帽、眼镜、防尘口罩、防滑手套等。准备好施工用的工具和材料。

(2)塑料鉴别。分清塑料件的类型,以便确定可否采用焊接和选择何种焊条。

(3)用专用塑料清洁剂清洁零件,注意要把零件上的灰尘和杂物清除干净。

(4)使用锋利的小刀或砂轮机在损伤部位开60°左右的V形坡口,如焊件较厚则开X形坡口,坡口宽度约6mm,如图9-5所示。

(5)用干净的布擦去坡口处的塑料碎屑。

(6)用夹子、车身胶带或定位焊将断裂处对齐并固定好。

(7)选取最适合该类型塑料及损坏状况的焊条,选择的成品焊条直径与坡口尺寸应相当。

（8）选择快速焊嘴并将其安装到焊枪上,将焊条插入预热管中,并把焊条端部切成60°的斜角,如图9-8所示。

（9）接通压缩空气,并将气压调整到焊枪规定的压力。

（10）插上电源插头,开始预热焊枪。检查温度是否合适。

（11）起焊。一手使焊枪与母材保持90°角压向母材,另一只手将焊条推下,使之与母材接触,如图9-9所示。

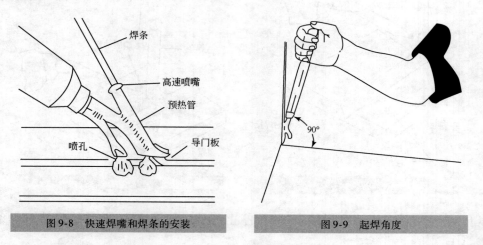

图9-8　快速焊嘴和焊条的安装　　　　图9-9　起焊角度

（12）连续焊接。当焊条与母材黏结后,将焊枪扳成与母材成45°角,使预热管的导门板与母材完全接触,慢慢拉动焊枪进行焊接。

在起焊后的25～50mm内,因焊条与母材的黏结长度短,在移动焊枪的同时,对焊条施加一定的推力,使焊条顺利进给。当焊条与母材黏结牢固后,只需移动焊枪而不必对焊条施加推力,焊条即可自动进给（图9-10）。

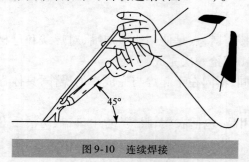

图9-10　连续焊接

（13）结束焊接。在焊接过程中,必须保持焊接速度的恒定。焊接结束时,将焊枪垂直于母材,用锋利的小刀从导门板处切断焊条,并抽出焊条。

（14）断开焊枪的电源,等待一会儿后再关闭气源。

（15）冷却焊缝。焊完后冷却硬化30min左右。

（16）打磨修整。先用锋利的刀具切割多余的塑料,再用砂轮机配合P80、P180、P240砂纸依次进行打磨,直至达到后道工序的施工要求。

（17）进入涂装工序。

三、评 价 反 馈

1. 自我评价

(1) 通过本学习任务的学习,你是否已经掌握以下知识:

① 手工塑料焊接程序。_____
_____。

② 快速塑料焊接程序。_____
_____。

③ 塑料焊接的特点。_____
_____。

④ 热空气塑料焊机的使用方法。_____
_____。

⑤ 使塑料焊接的要点。_____
_____。

(2) 在施工过程中用到了哪些设备和材料?你是否已经掌握了这些设备和材料的正确操作技能和使用方法?_____
_____。

(3) 实训过程完成情况。

评价:_____
_____。

(4) 安全防护是否规范?

评价:_____
_____。

(5) 能否积极主动参与工作现场的清洁和整理工作?

评价:_____
_____。

(6) 在完成本学习任务的过程中,你是否主动帮助过其他同学?是否和其他同学探讨学习中的有关问题?具体问题是什么?结果是什么?_____

_____。

(7)通过本学习任务的学习,你认为哪些方面还有待进一步改善?_____

_____。

签名:_____　　　____年____月____日

2.小组评价

小组评价见表9-1。

小 组 评 价　　　　　　　　　　　表9-1

序号	评 价 项 目	评 价 情 况
1	学习态度是否积极主动	
2	是否服从教学安排	
3	是否达到全勤	
4	着装是否符合要求	
5	是否合理规范地使用仪器和设备	
6	是否按照安全和规范的规程操作	
7	是否遵守学习、实训场地的规章制度	
8	是否积极主动地和他人合作、探讨问题	
9	是否能保持学习、实训场地整洁	
10	团结协作情况	

参与评价的同学签名:_____　　　____年____月____日

3.教师评价

_____

_____。

教师签名:_____　　　____年____月____日

学习任务 10　车身增强塑料件的修理

1. 能够正确叙述玻璃纤维板和 SMC 板的区别；
2. 知道塑料使用的注意事项；
3. 知道玻璃纤维填料、双组分黏结剂配合玻璃纤维布的使用方法；
4. 正确完成一个典型车身增强塑料件的修理工作。

任务描述

　　一辆轿车发生碰撞,玻璃钢或 SMC 构件破损,汽车钣金维修人员根据维修前台接待提供的维修工单,在汽车钣金维修工位,在规定的工时内,以经济的方式,按照车身维修手册的规范要求,完成对玻璃纤维车身板件和车身 SMC 板件除涂装以外的所有修理工作。

　　车身增强塑料件修理的学习路径：

判断车身塑料件的类型 → 观察车身塑料件损伤程度 → 制订合理的修理方法 → 规范完成修理作业

一、相关知识

增强型塑料通常包括玻璃纤维板和片状模塑料(简称SMC),这两种塑料板件有许多相似之处,修理的程序也基本相同,但要注意的是修理所用的材料不同,不要将用于玻璃纤维修理的树脂用于SMC。

(一)玻璃纤维板

玻璃纤维板又称玻璃钢,传统的玻璃纤维板件是由70%聚酯树脂和30%玻璃纤维制成。一种常用的玻璃纤维板件是由40%聚酯树脂、20%玻璃纤维、33%碳酸钙及7%其他材料制成。玻璃纤维板用手工制造(手糊成型)或在模子中喷射成型。

玻璃钢具有下列特性:

(1)密度小、强度高。其比强度(强度与密度之比)超过钢材。
(2)导热率小,是优良的绝热材料。
(3)玻璃钢在超高温时产生大量气体,吸收大量热量,是一种良好的热防护和耐烧蚀材料。
(4)具有优良的耐磨损性能,又有良好的绝缘性能,能透过高频电波,非磁性。
(5)弹性低,一般只有钢的1/20~1/10。
(6)长期耐高温性能较差,一般不超过200℃。
(7)抗剪强度及长期循环负荷强度较低。

(二)SMC板

SMC板是用纤维加强的合成塑料板,又称片状模塑料,它采用氨基甲酸乙酯化合物及板料模压化合物制成。SMC的化学成分很像玻璃纤维,其重大差别在于制造方法及制造所用的材料。SMC是把预成型并经过局部硬化处理的板料放在阳模与阴模之间压制而成,在压力和温度的作用下进行硬化处理,得出高强度而致密的板件,厚度可以控制,两面光滑平整。

世界上第一辆在车身外板全部采用SMC塑料板件的汽车是法国雷诺汽车公司生产的MPV,如图10-1所示。SMC板件黏结在车身金属骨架上,用SMC制成的板件有车门、后顶盖侧板及顶盖等,它们有助于提高汽车的刚性和耐腐蚀性能。

(三)修理用工具和材料

一般来说,不要使用传统的玻璃纤维树脂来修理SMC板件。理由很简单,对玻璃纤维修理有良好作用的聚酯树脂,使用在SMC上并不具备同样的性能,因此一定要注意两者的修理材料完全不同。

1.工具

包括一些通用工具和专用工具,通用工具如砂轮机、清洁工具等。专用工具有注胶枪,其作用是把黏结剂和固化剂以恒定的速度挤出并混合在一起。注胶枪有气动和手动两种,气动注胶枪使用压缩空气把材料挤出。手动注胶枪用手施加压力把材料从管中挤出,如图 10-2 所示。

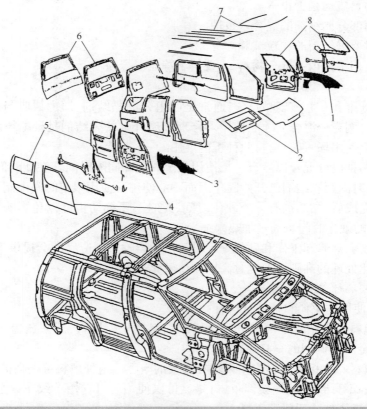

图 10-1　采用 SMC 板件的车身结构
1-左翼板;2-发动机罩;3-右翼板;4-车门;5-滑门;6-行李舱门;7-顶板;8-驾驶室门

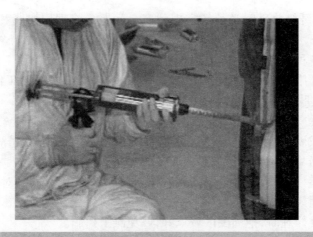

图 10-2　注胶枪

使用这两种注胶枪时,注意下列一些简单准则:

(1)遵守制造厂商的使用说明。

(2)检查物料流动是否正常。

(3)检查两部分黏结剂的混合一致性。

(4)换筒时要进行新的颗粒试验。

(5)如果仅用了筒内一部分物料,不要拆下静压混合喷嘴。

2. 黏结剂

用于玻璃纤维和SMC修理的材料通常是两组分的黏结剂,即由树脂与硬化剂组成,两者必须按适当比例充分混合后才能使用。修理玻璃纤维的黏结剂是聚酯树脂,而修理SMC板件的黏结剂需使用环氧基材料,两种不能混用。

黏结剂的两种成分混合以后有一个使用限定时间即间隔时间。在此时间内黏结剂可正常使用,超出此时间则黏结剂已开始固化因而不能使用。使用限定时间由制造厂商给出。

黏结工作完成后,黏结剂有一个硬化时间,此时不要挪动板件以免影响黏结质量,某些采用SMC板件的硬化时间可通过加热来缩短。

温度和湿度会对修理工作和硬化处理时间产生影响。制造厂商会提供产品的使用温度范围及加热硬化处理的准则。湿度过高则会使硬化速度慢下来。

3. 填料和玻璃纤维布

在SMC上使用的填料和辅助材料有:

(1)装饰填料。典型的是两组分环氧树脂填料或聚酯填料,用来覆盖小缺陷。不要在SMC上使用为金属板调制的车身填料。

(2)结构填料。在板料结构中用来填补较大的空隙。这种填料可提高板料的结构刚性。

(3)单向玻璃纤维布、编织玻璃布、衬垫。可供使用。可选用单纹布或尼龙遮布。布的编织较为松散,能使黏结剂填满布料。

(四)安全事项

对SMC和玻璃纤维修理时必须经常想到安全问题。修理用树脂和硬化剂会产生有害的蒸气,对人的皮肤、肺和胃产生刺激。在修理中应阅读和了解下列安全事项:

(1)细心阅读各种材料的说明和警告。

(2)使用玻璃纤维、树脂或硬化剂时戴上橡胶手套,穿上规定的工作服,扣好领扣和袖口,防止磨屑接触皮肤。

(3)在身体的暴露部分涂上护肤膏。

(4)如果树脂或硬化剂与皮肤接触,要迅速用硼砂皂水或变性酒精清洗。

(5)戴上防毒面具以免吸进磨屑和树脂蒸气。

(6)戴好护目镜,防止溶剂或树脂的溅入,同时也可防止树脂蒸气对眼睛的刺激。

(7)保证车间通风良好。

(8)用玻璃纤维修理时,把周围区域罩好,以免溅上树脂。

(9)工具和设备在使用后立即用挥发性涂料的稀释剂清洗。在安全容器中处理剩余的混合材料。

（五）维修工艺

1. 判断损伤类型

在 SMC 和玻璃纤维板件中常见的损伤为：

（1）单面损伤，如图 10-3a) 所示。是指表面损伤或不穿透板件背面和不致造成板件背面断裂的损伤，例如创伤和擦伤。对于较浅的单面损伤如不太深的划痕，通常使用玻璃纤维填料进行填充，而对于较深较大的单面损伤，需使用树脂配合玻璃纤维布来进行修补。

（2）双面损伤，如图 10-3b) 所示。指贯穿性损伤，如塑料板件被刺穿或断裂，要对两面进行玻璃纤维布的填补修理，有时还要制作补板对结构进行加强。

（3）脱胶。塑料板件从车身框架上脱开。

（4）严重损伤。需要整块更换或局部更换塑料板件。

（5）车身金属框架发生弯曲和扭曲，可用拉直和矫直来修理。

（6）与车架结合的塑料板件发生扭转和弯曲，需要更换。可沿着出厂时的焊接处重新焊接或采取结构分割的方法修理。

需要注意的是，在同一辆汽车上很可能兼有上述的各种损伤类型。

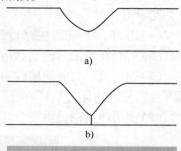

图 10-3　单面损伤和双面损伤
a) 单面损伤；b) 双面损伤

2. 制定维修方法

根据损伤部位和损伤程度，采用四种修理方法，即单面修理、双面修理、板件分割更换、整块板件更换。这些修理方法有许多共同点，如采用的工具和材料、预处理和后处理程序等。

二、任务实施

1. 单面修理

对于较浅、面积不大的划痕，使用玻璃纤维填料进行单面修理就足够了。修理程序如下：

（1）参照维修手册判断塑料件类型，是玻璃纤维板件还是 SMC 板。

（2）用肥皂水清洗修理部位。

（3）用优质去蜡除油剂清洁损伤部位的周围区域，不要让清洁剂接触到断裂区域，否则失去黏附力。

（4）用 36 号砂轮除去修理部位的油漆，超出损伤部位 76mm。

（5）用 P80 砂纸打磨羽状边以便有足够的面积来黏合，打磨结束后吹去灰尘。

（6）按制造厂商的使用说明把双组分玻璃纤维填料混合好，注意玻璃纤维板件和 SMC 是否可以使用同样的填料。

（7）使用塑料刮板将混合好的玻璃纤维填料填充到划痕中，如图 10-4 所示。

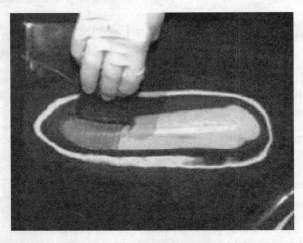

图 10-4　填充玻璃纤维填料

（8）迅速使用稀释剂清洁刮板，一旦填料干燥在刮板上将很难清除。

（9）按制造厂商的使用说明对填料进行硬化处理。

（10）依次使用 P80、P120、P240 砂纸将填充区域打磨平整。

（11）进入涂装修理。

2. 两面修理

有些单面损伤的面积较大、深度较深且伴有裂纹，但是没有崩开，所有增强纤维都在原位，修理时需使用玻璃纤维布对受损的一面进行强化。

对于双面损伤，需要对正反两个表面进行同样的修理，有时还要加上背垫条或补块以恢复所需的强度。

学习任务10 车身增强塑料件的修理

由于这两者的修理方法完全相同,只是修理步骤的多少不同,所以归并为一类。

在 SMC 或玻璃纤维板料上进行单面或双面修理的程序如下:

(1) 用优质去蜡除油剂清理损伤处周围的表面,至少距离修理部位 76mm 处所有的面漆和底漆。

(2) 从修理部位的里边和外边,把孔中的所有裂片和碎屑磨去、锉去或用弓锯锯去。

(3) 把修理部位内表面的任何污物、隔声材料等除去。用还原剂、挥发性漆稀释剂及类似的溶剂清洗。

(4) 用 P80 砂纸打磨损伤部位以获得良好的结合表面。

(5) 打磨 30°的坡口,以获得良好的补料黏合面,如图 10-5 所示。

(6) 如有必要,在裂纹的末端用电钻钻一个小孔,如图 10-6 所示,防止裂纹进一步扩大。最后用还原剂或稀释剂彻底清洁修理的表面。

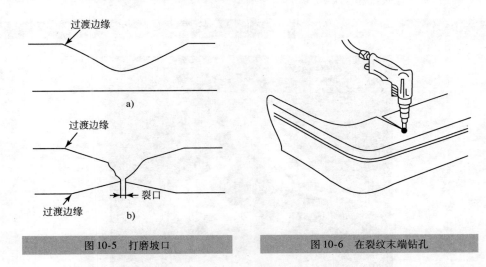

图 10-5 打磨坡口　　　　　图 10-6 在裂纹末端钻孔

(7) 剪几片玻璃纤维布或足够大的衬垫,用来覆盖孔和打磨好的部位。切片数取决于原来板件的厚度。补在坡口深处的布要小,而补在上面的布要大。

(8) 按照包装上的说明配制树脂和硬化剂的混合物,搅拌均匀。用小油漆刷把混合好的树脂涂敷在打磨处。

(9) 将玻璃纤维布在树脂混合物中浸透,如图 10-7 所示。然后取出摊铺在修理部位的表面上或反面上,如图 10-8 所示。必须与损伤周围已磨好的部位完全接触,如图 10-9 所示。

(10) 重复步骤(9),在损伤部位摊铺多层玻璃纤维布,如图 10-9 所示,注意铺在外层的布要大于底层的布。

(11) 玻璃纤维布层形成一个碟状凹陷。用橡胶刮板将玻璃纤维布刮平,并要挤出其中的所有气泡。

(12) 所有工具使用后立即用挥发性稀释剂清洗。

(13) 等待玻璃纤维布硬化,可用红外线加热灯加速其硬化。该加热灯的距离控制在 300～380mm 处,加热温度不要超过 90℃,因为太热会使材料变形。

图 10-7　浸透玻璃纤维布

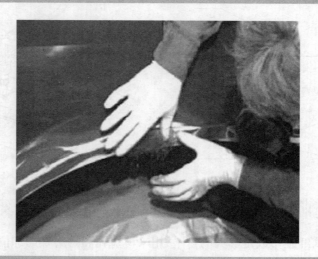

图 10-8　摊铺玻璃纤维布

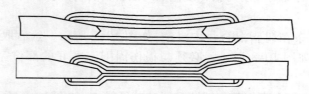

图 10-9　摊铺的多层玻璃纤维布与打磨部位接触

（14）等待树脂硬化后，用 P80 砂轮轻磨玻璃纤维补块，如图 10-10 所示。

（15）配制更多的玻璃纤维树脂填料（图 10-11），将其填补到修理部位的凹陷处（图 10-12）。要使填料略高于原有表面，为后续打磨留下余量（图 10-13）。

（16）用红外灯加速填料的硬化。

（17）填料完全硬化后，依次使用 P80、P180、P240 砂纸将其磨平。

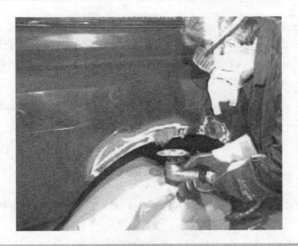

图 10-10　轻磨玻璃纤维补块

图 10-11　混合玻璃纤维填料

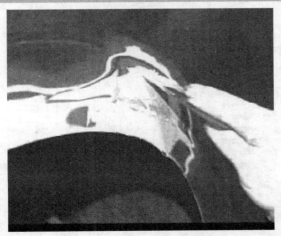

图 10-12　填补凹陷处

(18)进入涂装修理。

(19)需补充一点,也可在破损处用螺钉固定一块金属板来进行同样的修理(图10-14)。先打磨破损处,接着把树脂混合物涂在孔口的两边,紧固金属板,然后按上述程序完成其余的修理工作。

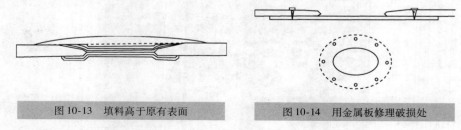

图10-13　填料高于原有表面　　　　图10-14　用金属板修理破损处

3. 板件分割更换

使用SMC板件制造的车身在受到严重损伤时,需要部分或全部更换板件,对于部分更换面板应正确地选择分割的部位,程序如下:

(1)首先对车身进行校正。

(2)分割除去板件的废段,使用3in的气动砂轮机进行切割操作。首先了解最适合分割的部位(图10-15),避免在水平支撑、铆接和隐蔽部位上发生问题,可参考具体车型的维修手册。

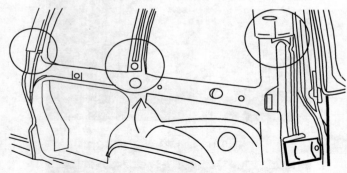

图10-15　适合分割的部位

(3)使用气动錾把车身上的旧黏结剂除去。

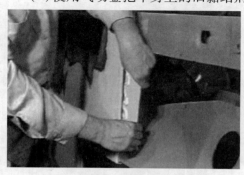

图10-16　在反面黏结背条

(4)把车身上留用的板件正反两面打磨出20°的坡口,然后清洁干净。

(5)使用与原车身形状相同的废料制作背条,将背条黏结到车身板件的反面,并向外延伸50mm左右,以便更换的面板也能与其黏结到一起(图10-16)。

(6)安装新板件。量好新板件的尺寸并打磨与现有板件相同的坡口以便配合(图10-17)。安装时在现有板件和新板料之间留出13mm的间隙(图10-18)。

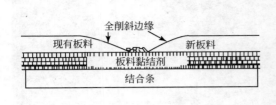
图10-17 配上新板件

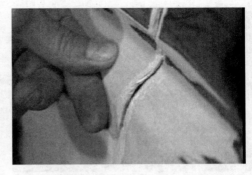
图10-18 现有板件与新板件的间隙

(7)制作补条或补板。制作补条时,将蜡纸平铺在桌面上,在蜡纸上涂一层黏结剂,其宽度大致与图10-18的间隙相等,把一条与间隙的顶部等宽的玻璃纤维布放在该层黏结剂上,加上更多的黏结剂,再放上一条与空隙的底部等宽的玻璃纤维布(图10-19),最后在补条上再铺一层蜡纸,用滚筒将补条压平并挤出气泡(图10-20)。

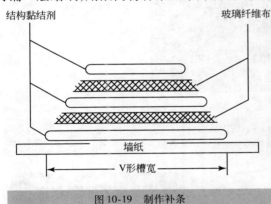
图10-19 制作补条　　　　　　　图10-20 用滚筒压平补条

(8)安装补条或补板。在车身板件的坡口处涂抹黏结剂,揭去较窄一面的蜡纸,对准两块板的间隙,将补条压入,然后用滚筒压紧,如图10-21所示。

(9)配制玻璃纤维树脂填料,将其填补到补条及周围的部位(图10-22)。要使填料略高于原有表面,为后序打磨留下余量。

(10)用红外灯加速填料的硬化。

(11)填料完全硬化后,依次使用P80、P180、P240砂纸将其磨平。

(12)进入涂装修理。

4. 整块板件更换

整块板件的更换是相对简单的工作,对于黏结的SMC车门面板,其更换程序如下:

(1)用气动砂轮机磨去门板上的凸缘,把门边加热,用油灰刀插进两门板之间,使黏合处分开,或使用气动剪将整块门面板剪下。

(2)使用气动錾把车门框架上的旧黏结剂、松散的SMC除去。

(3)清洁车门框架,用注胶枪将双组分黏结剂涂抹到车门框架上,准备黏结新SMC车门板(图10-23)。

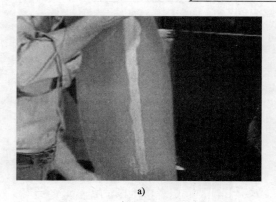
a)

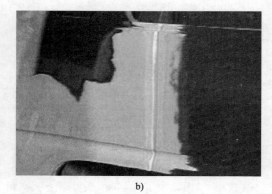
b)

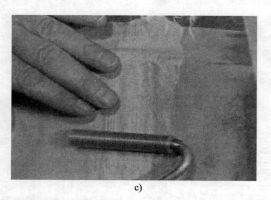
c)

图 10-21 安装补条的步骤
a) 准备安装补条; b) 安装补条; c) 用滚筒压紧补条

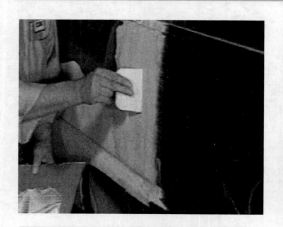

图 10-22 使用玻璃纤维填料填平

图 10-23 注胶

(4) 清洁 SMC 车门板待黏结的表面,对准黏结的部位将其黏结到车门框架上。
(5) 等待黏结剂硬化。
(6) 进行其他修理工作。

三、评 价 反 馈

1. 自我评价

(1)通过本学习任务的学习,你是否已经掌握以下知识:

①玻璃纤维与 SMC 的区别。_____
_____。

②修理工具和材料的使用方法。_____
_____。

③使用玻璃纤维填料修理小划痕的程序。_____
_____。

④增强型塑料板件两面修理的程序。_____
_____。

⑤增强型塑料板件分割更换的程序。_____
_____。

(2)在施工过程中用到了哪些设备和材料?你是否已经掌握了这些设备和材料的正确操作技能和使用方法?_____
_____。

(3)实训过程完成情况。

评价:_____
_____。

(4)安全防护是否规范?

评价:_____
_____。

(5)能否积极主动参与工作现场的清洁和整理工作?

评价:_____
_____。

(6)在完成本学习任务的过程中,你是否主动帮助过其他同学?是否和其他同学探讨学习中的有关问题?具体问题是什么?结果是什么?_____

（7）通过本学习任务的学习，你认为哪些方面还有待进一步改善？_____
_____。

签名：_____　　____年____月____日

2．小组评价

小组评价见表10-1。

小　组　评　价　　　　　　　　　　　　　表10-1

序号	评 价 项 目	评 价 情 况
1	学习态度是否积极主动	
2	是否服从教学安排	
3	是否达到全勤	
4	着装是否符合要求	
5	是否合理规范地使用仪器和设备	
6	是否按照安全和规范的规程操作	
7	是否遵守学习、实训场地的规章制度	
8	是否积极主动地和他人合作、探讨问题	
9	是否能保持学习、实训场地整洁	
10	团结协作情况	

参与评价的同学签名：_____　　____年____月____日

3．教师评价

_____
_____。

教师签名：_____　　____年____月____日

参 考 文 献

[1] James E. Duffy, Robert Scharff. 汽车车身维修技术[M]. 吴有生, 编译. 北京: 高等教育出版社, 2006.
[2] 顾建国. 汽车钣金维修技师培训教材[M]. 北京: 人民交通出版社, 2003.
[3] 李新起. 汽车车身修复技术[M]. 北京: 中央广播电视大学出版社, 2006.

人民交通出版社汽车类高职教材部分书目

一、交通职业教育教学指导委员会推荐教材、高等职业教育规划教材

1. 汽车运用技术专业

书 号	书 名	作 者	定 价	出版时间	课 件
978-7-114-11263-8	●汽车电工与电子基础（第三版）	任成尧	46.00	2015.11	有
978-7-114-11218-8	●汽车机械基础（第三版）	凤 勇	46.00	2016.04	有
978-7-114-11495-3	汽车发动机构造与维修（第三版）	汤定国、左适够	39.00	2016.04	有
978-7-114-11245-4	●汽车底盘构造与维修（第三版）	周林福	59.00	2015.11	有
978-7-114-11422-9	●汽车电气设备构造与维修（第三版）	周建平	59.00	2016.04	有
978-7-114-11216-4	●汽车典型电控系统构造与维修（第三版）	解福泉	45.00	2015.01	有
978-7-114-11580-6	汽车运用基础（第三版）	杨宏进	28.00	2016.01	有
978-7-114-09167-4	汽车电子商务（第二版）	李富仓	29.00	2016.06	
978-7-114-05790-3	汽车及配件营销	陈文华	33.00	2015.08	
978-7-114-06075-8	汽车专业资料检索	张琴友	30.00	2015.01	
978-7-114-11215-7	●汽车文化（第三版）	屠卫星	48.00	2016.09	有
978-7-114-11349-9	●汽车维修业务管理（第三版）	鲍贤俊	27.00	2015.08	有
978-7-114-11238-6	●汽车故障诊断技术（第三版）	崔选盟	30.00	2015.08	有
978-7-114-06031-9	汽车检测诊断技术	邹小明	24.00	2016.06	
978-7-114-05662-1	汽车检测设备与维修	杨益明	26.00	2015.08	
978-7-114-05661-3	汽车单片机及局域网技术	管秀君	13.00	2015.06	
978-7-114-05718-0	汽车维修技术（机修方向）	刘振楼	23.00	2016.6	

2. 汽车技术服务与营销专业

书 号	书 名	作 者	定 价	出版时间	课 件
978-7-114-11217-1	●旧机动车鉴定与评估（第二版）	屠卫星	33.00	2016.07	有
978-7-114-07915-3	汽车保险与公估	荆叶平	43.00	2016.01	
978-7-114-08196-5	汽车备件管理	彭朝晖	22.00	2016.08	
978-7-114-11220-1	●汽车结构与拆装（第二版）	潘伟荣	59.00	2016.04	有
978-7-114-08084-5	汽车维修服务	戚叔林	23.00	2015.08	
978-7-114-11247-8	●汽车营销（第二版）	叶志斌	35.00	2016.04	有

3. 汽车整形技术专业

书 号	书 名	作 者	定 价	出版时间	课 件
978-7-114-11377-2	●汽车材料（第二版）	周 燕	40.00	2016.04	有
978-7-114-12544-7	汽车钣金工艺	郭建明	22.00	2015.11	有
978-7-114-12311-5	汽车涂装技术（第二版）	陈纪民、李 扬	33.00	2015.08	有
978-7-114-09094-3	汽车车身测量与校正	郭建明	22.00	2015.07	
978-7-114-11595-0	汽车车身焊接技术（第二版）	李远军、李建明	28.00	2016.04	有
978-7-114-07918-4	汽车车身修复技术	韩 星	29.00	2015.07	
978-7-114-12143-2	车身结构及附属设备（第二版）	袁 杰	27.00	2016.05	有
978-7-114-13363-3	汽车涂料调色技术	王亚平	25.00	2016.11	有

4. 汽车制造与装配技术专业

书 号	书 名	作 者	定 价	出版时间	课 件
978-7-114-12154-8	汽车装配与调试技术	刘敬忠	38.00	2015.06	有
978-7-114-12734-2	车身焊接技术	宋金虎	39.00	2016.03	有
978-7-114-12794-6	汽车制造工艺	马志民	28.00	2016.04	有
978-7-114-12913-1	汽车 AutoCAD	于 宁、李敬辉	22.00	2016.06	有

二、21世纪交通版高职高专汽车专业教材

书 号	书 名	作 者	定 价	出版时间	课 件
978-7-114-10520-3	汽车概论	巩航军	29.00	2013.05	有
978-7-114-10722-1	发动机原理与汽车理论（第三版）	张西振	29.00	2015.12	有
978-7-114-10333-9	汽车维修企业管理（第三版）	沈树盛	36.00	2016.05	有
978-7-114-06997-0	汽车空调构造与维修	杨柳青	20.00	2016.01	

书号	书名	作者	定价	出版时间	课件
978-7-114-12421-1	汽车柴油机电控技术（第二版）	沈仲贤	26.00	2015.10	有
978-7-114-11428-1	汽车使用与技术管理（第二版）	雷琼红	33.00	2016.01	有
978-7-114-11729-9	汽车保险与理赔（第四版）	梁军	32.00	2015.12	有
978-7-114-07593-3	汽车租赁	张一兵	26.00	2016.06	
978-7-114-08934-3	汽车发动机机械系统检修（第二版）	林平	35.00	2015.06	有
978-7-114-08942-8	汽车底盘机械系统检修（第二版）	陈建宏	39.00	2016.05	有
978-7-114-09429-3	汽车底盘电控系统检修	张立新、屈亚锋	35.00	2015.07	有
978-7-114-09317-3	汽车维修技术基础	刘毅	35.00	2015.07	有
978-7-114-09961-8	汽车构造	沈树盛	54.00	2015.04	有
978-7-114-09866-6	汽车发动机构造与维修	王兴国、刘毅	36.00	2013.12	有
978-7-114-09719-5	汽车电器构造与维修	杨连福	45.00	2013.12	有
978-7-114-09099-8	工程机械柴油发动机构造与维修	许炳照	40.00	2013.07	有
	三、高等职业教育"十二五"规划教材				
978-7-114-10280-6	汽车零部件识图	易波	42.00	2014.1	有
978-7-114-09635-8	汽车电工电子	李明、周春荣	39.00	2012.07	有
978-7-114-10216-5	汽油发动机构造与维修	刘锐	49.00	2016.08	有
978-7-114-09356-2	汽车底盘构造与维修	曲英凯、刘利胜	48.00	2015.07	有
978-7-114-09988-5	汽车维护（第二版）	郭远辉	30.00	2014.12	有
978-7-114-11240-9	●车载网络系统检修（第三版）	廖向阳	35.00	2016.02	有
978-7-114-10044-4	汽车车身修复技术	李大光	24.00	2016.01	有
978-7-114-12552-2	汽车故障诊断技术	马金刚、王秀贞	39.00	2015.12	有
978-7-114-09601-3	汽车营销实务	史婷、张宏祥	26.00	2016.05	有
978-7-114-13679-5	新能源汽车技术（第二版）	赵振宁	38.00	2017.03	有
978-7-114-08939-8	AutoCAD 辅助设计	沈凌	25.00	2011.04	有
978-7-114-13068-7	汽车底盘电控系统检修	蔺宏良、张光磊	38.00	2016.08	有
978-7-114-13307-7	汽车发动机电控系统检修	彭小红、官海兵	35.00	2016.1	有
	四、高职高专改革创新示范教材				
978-7-114-09300-5	汽车使用与维护	毛彩云、柯志鹏	28.00	2015.09	有
978-7-114-09302-9	汽车实用英语	王升平	30.00	2011.08	有
978-7-114-09307-4	汽车维修企业管理	齐建民	34.00	2015.12	有
978-7-114-09305-0	汽车发动机电控系统构造与检修	罗德云	23.00	2014.07	有
978-7-114-09352-4	汽车发动机机械构造与检修	成伟华	33.00	2015.02	有
978-7-114-09494-1	汽车自动变速器构造与检修	王正旭	36.00	2015.02	有
978-7-114-09929-8	汽车电气设备构造与检修	刘存山	31.00	2012.08	有
978-7-114-10310-0	汽车空调系统构造与检修	潘伟荣	38.00	2013.05	有
	五、教育部职业教育与成人教育司推荐教材				
978-7-114-09147-6	汽车实用英语（新编版）	杜春盛、邵伟军	33.00	2016.07	
978-7-114-08846-9	汽车发动机构造与维修（新编版）	王会、刘朝红	33.00	2015.09	
978-7-114-06406-7	汽车运行材料	嵇伟、孙庆华	26.00	2016.06	
978-7-114-07969-6	★汽车专业英语	边浩毅	26.00	2016.01	
978-7-114-04112-9	汽车使用性能与检测技术	李军	26.00	2015.07	
978-7-114-04750-9	汽车营销技术	王怡民	32.00	2016.11	
978-7-114-04644-8	汽车专业英语	王怡民	26.00	2016.06	

●为"十二五"职业教育国家规划教材；★为"十一五"职业教育国家规划教材。
咨询电话：010-85285962；010-85285977. 咨询QQ：616507284；99735898